TRISTAN HORX
Sinnmaximierung

Weitere Titel des Autors:
UNSERE FUCKING ZUKUNFT

Titel auch als Hörbuch erhältlich

Tristan Horx

SINN MAXIMIERUNG

Wie wir in Zukunft arbeiten

QUADRIGA

Dieser Titel ist auch als Hörbuch und E-Book erschienen

Die Bastei Lübbe AG verfolgt eine nachhaltige Buchproduktion. Wir verwenden Papiere aus nachhaltiger Forstwirtschaft und verzichten darauf, Bücher einzeln in Folie zu verpacken. Wir stellen unsere Bücher in Deutschland und Europa (EU) her und arbeiten mit den Druckereien kontinuierlich an einer positiven Ökobilanz.

Originalausgabe

Copyright © 2022 by Bastei Lübbe AG, Köln

Textredaktion: Burkard Miltenberger, Berlin
Umschlaggestaltung: Kristin Pang
Satz: hanseatenSatz-bremen, Bremen
Gesetzt aus der Adobe Garamond Pro
Druck und Einband: GGP Media GmbH, Pößneck

Printed in Germany
ISBN 978-3-86995-126-3

5 4 3 2 1

Sie finden uns im Internet unter quadriga-verlag.de
Bitte beachten Sie auch: lesejury.de

Inhalt

Für meinen Vater Matthias Horx, der mir den Sinn stiftete.

»Im Grunde ist der Mensch ein Wesen, das unentwegt nach Sinn strebt, das Sinn sucht. Der Mensch ist, eleganter formuliert, ein sinnorientiertes Wesen. Und wenn er auf dieser, seiner Suche nach Sinn fündig wird, dann wird er glücklich.«

Viktor E. Frankl

Wir alle sind auf Sinnsuche. Ob privat oder beruflich, es geht uns nicht mehr nur um höher, schneller, weiter. Leider haben wir diesen integralen Begriff den Motivationscoaches und Chefs überlassen. Sinn als Selbstsinn und Geld als das Mittel, ihn zu erlangen. Natürlich wollen wir alle in einer intakten, sinnerfüllten Gesellschaft und Wirtschaft leben. Bis dato haben wir gelernt, dass der einzige Weg dorthin Wachstum heißt; immer mehr und immer schneller.

Die Frage unserer Zeit – oft als Sinnspruch zitiert und im Grunde banal – stellt sich uns so klar wie noch nie: Leben wir, um zu arbeiten, oder arbeiten wir, um zu leben?

Vor allem die jüngeren Generationen spüren, dass wir uns langsam aus dem Industriezeitalter hinausbewegen und in ein neues, besseres aufbrechen. Wir hinterfragen die Dynamik der alten Arbeitswelt. Alleine der Begriff »Freizeit« impliziert eigentlich etwas Schreckliches, nämlich, dass wir in der Arbeit eingesperrt sind, in einem Gefängnis des Leistungsdrucks und der illusorischen Erwartungshaltungen, entstanden aus alten patriarchalen Hierarchien. Ebenso deprimierend ist das Konzept der »Beschäftigung«. Obgleich wir viele Berufe geschaffen haben, die wahrlich kaum mehr sind als Beschäftigungstherapie, kann diese doch nicht das Ziel einer Gesellschaft oder das eines erfüllten Lebens sein. Daran Zweifel anzumelden ist das gute Recht der Generation, die die Arbeitswelt von morgen bestreiten wird.

Die großen philosophischen oder religiösen Fragen der Menschheit befassen sich seit jeher mit der Frage des Sinns. Sowohl individuelles Glück und Wohlbefinden als auch ein kollektives Gemeinwohl hängen von Sinnfragen ab, die vielleicht sogar gleich die Mission des Lebens mitbegründen. Aber wie können wir dieses doch sehr weich wirkende Konzept in unsere harte, zahlengetriebene Wirtschaftswelt integrieren? Oft als dichotom dargestellt, müssen wir uns also gezwungenermaßen folgende Frage stellen: Sinn oder Wachstum?

Das Konzept der Sinnmaximierung vereint diese beiden angeblich unvereinbaren Welten. Maximierung für diejenigen, die sich mit wirtschaftlichen »Hard Facts«, mit Kenn- und Umsatzzahlen wohlfühlen. Sinn für all jene, die sich fragen: Wozu eigentlich das Ganze? Warum immer mehr technologischer Fortschritt, immer mehr Wachstum, wenn nicht, um uns als Menschen glücklicher, zufriedener und sinnerfüllter zu machen? Das Konzept der Sinnmaximierung sollte in jedem Unternehmen ein zentrales Ziel werden, um zukunftsfähig zu sein.

Den Einspruch, Sinn sei doch nicht maximierbar, ist durchaus nachvollziehbar, ist er quantitativ ja doch nicht messbar. Verstehen wir ihn allerdings als ein zutiefst subjektives und fluides Konzept, könnte man ihn durchaus erheben – Sinn ist eben zutiefst individuell. Denn die Zukunft entsteht dann, wenn sich vermeintlich unvereinbare Widersprüche in Harmonie vereinen.

Doch wie soll das in einer sich stetig und immer schneller wandelnden Welt klappen? Die Welt von morgen wird eine wunderbare sein, denn Sinn schlägt Zwang. Anwesenheit ist nicht gleich Produktivität. Reisen ist nicht nur Urlaub, sondern kann durchaus inspirierend wirken. Das klingt unmöglich? Arbeit braucht eine neue Bedeutung. Entlohnt gefälligst Berufseinsteiger, unbezahlte Praktika sind entwürdigend. Punkt. Kommen wir gemeinsam von Work-Life-Balance, die impliziert, dass wir während der Arbeitszeit nicht leben, zum Work-Life-Blending, wo Arbeit und Leben verschmelzen, weil wir beides gerne tun. Ich weiß, das zu hören, tut vielen weh – aber so ist der Wandel nun mal. Das soll aber nicht heißen, dass es für diejenigen, denen das alles utopisch und anstrengend klingt, keine Zukunft gibt. Entweder bietet ein Grundeinkommen die nötige Sicherheit, um sich dem zu widmen, was einem wirklich wichtig ist, oder man wählt einen Beruf, bei dem Work-Life-Blending der Normalität angehört. Sinn gibt es in beiden Varianten zu finden. Aber auch für all jene, die Arbeit und Leben strikt trennen wollen, gibt es in Zukunft noch Berufe. Diese Form von Arbeit wird nicht verschwinden, nur sinnvoll bezahlt, und ganz sicher nicht mehr 40 Stunden die Woche. Niemand möchte vom Roboter gepflegt werden – aber in Zukunft auch nicht mehr von unterbezahlten Sklaven und halb tot gearbeiteten Menschen. Auch das Beamtentum wird nicht verschwinden. Wir haben alles, was wir für den Wandel benötigen – bis auf das richtige Mindset. Keine Sorge, meine Generation hat sich gut darauf vorbereitet, wir zeigen euch den Weg.

Eine kurze Geschichte der Arbeit

What the fuck ist eigentlich Arbeit?

>»Wie zur Hölle könnte ein Mann es genießen, um 8:30 Uhr von einem Wecker geweckt zu werden, aus dem Bett zu springen, sich anzuziehen, sich zwangszuernähren, zu pissen, Zähne zu putzen, Haare zu kämmen und sich durch den Verkehr zu kämpfen, um an einen Ort zu gelangen, an dem man im Wesentlichen viel Geld für jemand anderen verdient und auch noch dankbar dafür sein soll, die Möglichkeit dazu zu haben?«
>
> Charles Bukowski

Der Begriff Arbeit ist schwer vorbelastet. Seit eh und je wird uns gepredigt, wer nicht arbeitet, sei ein schlechter Mensch. Vor allem in deutschsprachigen Raum wird man nicht nur anhand seiner beruflichen Tätigkeit definiert, nein, noch verwerflicher, wenn es der falsche ist. Die Liste verachteter Berufe ist lang. Den allerletzten Platz verteidigen stetig die Versicherungsvertreter:innen. Aber auch Politiker:innen, Manager:innen und Bankangestellte sind ganz unten dabei. Wer denkt, die neuen, kreativen Berufe bleiben davon verschont, während Macht und Geld immer zu Missgunst führt, irrt sich. Werbeagenturen haben sich sehr schnell auf Platz zwei der Hassliste hochgearbeitet. Diese Berufsstände packt man bei den Schwiegereltern vielleicht lieber nicht sofort aus. So sollte man lieber Feuerwehrmann oder -frau, Arzt oder Ärztin, Krankenpfleger:in oder Polizist:in sein, um die Gunst der Mitmenschen zu genießen. Das ist wahrlich tragisch, da doch (fast) jeder Beruf eine wichtige Rolle in der Wirtschaft und Gesellschaft einnimmt. Egal welcher Tätigkeit man nachgeht, es gibt dennoch gewisse Verhaltensmuster, die von uns allen erwartet werden, egal ob Steuerbeamt:in, Erzieher:in oder Social Media Manager:in.

So gehört es zur preußischen Arbeitsmoral, mindestens 40 Stunden die Woche in der Firma zu verbringen, seine Familie kaum zu sehen und dafür noch dankbar zu sein. Wer sich dem verweigert, fällt aus dem Raster, ist faul und für die Gesellschaft ein Hemmschuh – egal aus welchem Berufsstand. Klar, diese Konzepte sind sehr industriell geprägt und waren im Zeitalter der Fabriken durchaus sinnvoll, zumal die 40-Stunden-Woche vergleichsweise erträglich erschien. So ist diese zentrale Ordnungszahl, die zwischen faulem und konstruktivem Mitglied der Gesellschaft entscheidet, erst durch lange Kämpfe der Gewerkschaften entstanden. Die Grundlogik der Arbeit war die längste Zeit die der Ausbeutung. So war es völlig normal, dass Kinder auch arbeiteten, bis es durch gesellschaftlichen Aufstand unterbunden wurde und als verwerflich galt. Um jetzt nicht zu marxistisch zu klingen: Die Industrialisierung und ihre Arbeitsmöglichkeiten haben natürlich zu unglaublichem Wohlstand unserer Gesellschaft geführt. Nur leider steckt in deren Kern ein dermaßen starrer Arbeitsbegriff, der kaum zukunftsfähig ist; zu vorbelastet und kulturell codiert, um Fortschritt und Wandel zu ermöglichen. Es ist schon längst in Vergessenheit geraten, was der tiefe Grund für das Konzept der Arbeit ist. Zu sehr haben wir das Fließband als den einzigen Antrieb für Wachstum akzeptiert und vergessen, dass auch die Industrialisierung nur eine Epoche in der Menschheit ist, die eines Tages in der Vergangenheit liegen wird. Deswegen lohnt sich eine Reise durch die Geschichte des Konzepts der Arbeit, sodass wir die Zukunft erahnen können, wenn wir den Begriff endlich weiterentwickeln. Von der Antike über das Mittelalter war es nämlich gänzlich anders. So ist man heutzutage ein schlechter fauler Mensch, wenn man keiner Arbeit nachgeht. In der Antike, im Zeitalter der Könige und Knechte war der Mensch gezwungen, sich zur unmittelbaren Existenzsicherung mit der Natur auseinanderzusetzen. Es sind die unwürdigen physischen Tätigkeiten, die den Arbeitsbegriff bis heute prägen. Welch eine Mühsal und eine Qual die Arbeit doch ist, dichotom zur »Freizeit« zu verstehen; der Tagesabschnitt, an dem der Mensch nicht leiden muss. Erst die protestantische Arbeitsmoral brachte laut Max Weber die Umcodierung dieses Begriffs mit sich. Nun war es wichtig, hart und viel zu arbeiten – denn so könne man sich den Weg ins Himmelreich erschuften. In einer klassischen katholischen Welt wäre es ja egal, wie schwer man sich abrackert; solange man ein guter Mensch ist, regelmäßig seine Verfehlungen beichtet, gelangt man durch die wolkigen Pforten. Aber genug des Sakralen, denn es geht direkt ins Industriezeitalter, in der Arbeit der zentrale Indikator für den Wert eines Menschen – meistens eines Mannes – wurde. Es war der bestimmende Lebensinhalt, schließlich konnte damit alleine eine Familie ernährt werden. Gesellschaftliches Ansehen brachte die Arbeit mit sich, immerhin ein Fortschritt, verglichen mit den vorherigen Zeitaltern, aber gerne verrichteten wir sie trotzdem nicht.

Durch diesen Wandel zieht sich eine zentrale Formel: Laut dem Gabler Wirtschaftslexikon ist Arbeit »ein Prozess, in dem Menschen soziale Beziehungen eingehen, die im gesamten Lebens-zusammenhang von zentraler Bedeutung sind; hierzu gehören die Strukturierung der Zeit, die soziale Anerkennung und das Selbstwertgefühl«. Also müsste uns zunächst klar werden, dass Arbeit primär etwas Soziales ist. Menschen wollen ihr Umfeld, ihre Gesellschaft verbessern, das ist ein intrinsischer evolutio-närer Antrieb. Wenn wir keine kooperativen Wesen wären, hät-ten wir keine Chance gegen die Säbelzahntiger und Mammuts gehabt. Sooft wir uns doch einreden, wir wären Jäger, sind wir auf uns alleine gestellt nichts als haarlose Beutetiere. Insofern ist auch der Gedanke, dass alle Menschen, die keine Arbeit ha-ben, sofort asoziale, Bier trinkende Zeitverschwender werden, absoluter Quatsch, wir haben einen evolutionären Antrieb zu kooperieren. Deswegen sollten wir uns auch nicht vor einem bedingungslosen Grundeinkommen fürchten, das Verbessern unseres Umfeldes ist tief in uns als Homo sapiens verankert. Bis wir so weit sind, müssen wir uns allerdings weiterhin mit dem Konzept der Arbeit beschäftigen, denn wir hinterfragen es nicht mehr, entwickeln es schon länger nicht mehr weiter. Anstatt es einfach als Gegebenheit zu akzeptieren, dass jede:r genau diesem einen Schema folgt – absitzen, um sich sein Le-ben leisten zu können. Kein Wunder, dass neue, moderne, fle-xible Arbeitsformen solche Schwierigkeiten mit den klassischen Unternehmensstrukturen und politischen Rahmenbedingun-gen haben. Unser ganzes Wirtschaftssystem basiert auf der Lo-gik einer Fabrik. Oben sitzt der oder die Chef:in und schaut zu, wie wir brav unsere 480 Minuten am Fließband sitzen. So funktioniert moderne Arbeit schon lange nicht mehr, aber von diesen internalisierten Strukturen haben wir uns nach wie vor nicht befreien können. Vor allem haben wir dies über alle Be-rufsstände gestreut, egal ob es Sinn macht oder nicht. So soll von Bürokraft über Pfleger:innen bis Beamt:innen jeder nach abgesessener Zeit beurteilt werden, mit einem fast schon heiligen Mindestpensum von 40 Stunden.

Schockierend und zu ignorieren ist die Existenz des Begriffs der »Beschäftigung«, als wäre die berufliche Tätigkeit das Einzige, was uns von Kriminalität und Langeweile trennt. Perspektivlosigkeit und Beschäftigungstherapie dürfen nicht zu Synonymen werden. Das Konzept und der Begriff »Beschäftigung« dürfen bitte höflichst im 20. Jahrhundert bleiben, für die Zukunft taugen sie nichts. Es ist Zeit, auch den Begriff »Arbeit« abzuschaffen oder zumindest umzucodieren. Es lohnt sich, zuerst anzusehen, welch anderen Begrifflichkeiten uns denn vielleicht zur Verfügung stehen könnten.

Der »Job« – haben wir alle schon mal gehört und im Alltag sprachlich verwendet. Er wird oft synonym für den Begriff der Arbeit genutzt, stellte früher aber eher einen Kontrast dar. Gemeint ist nämlich kurzzeitige Arbeit, die keinen hohen Grad an Vorbildung benötigt. Statt langer Studien ist der Zugang hierbei eher Learning by Doing, was unter anderem die niedrigen Löhne begründet. So sind etwa die Essenslieferant:innen oder Uber-Fahrer:innen am »Jobben«. Während die Arbeit ein Leben lang halten, zum »Lebensberuf« werden sollte, ist das Jobleben eher von Flexibilität und schnellen Wechseln geprägt. Gute Karrieren können und sollten mit Jobs beginnen, aber es ist durchaus lohnenswert, sich mit der Zeit einen Beruf zu suchen, denn Erfüllung und Weiterentwicklung bieten diese Tätigkeiten nicht.

Sollte das Job-hopping nicht das Ende der Karriere sein, wäre es langsam Zeit für einen ordentlichen Beruf – auf dass man endlich ein tüchtiges Mitglied der Leistungsgesellschaft werde.

Oft werden sie als die Baseline der Zivilisation gesehen, die Spezialisierung verschiedener Menschen entlang ihrer Talente, Neigungen und Präferenzen. So weit, so gut. Das Problem entsteht erst, wenn das System nicht mehr diese Neigungen und Präferenzen fördert. Genau in dieser misslichen Lage befinden wir uns im Moment. Während wahre moderne, produktive und fortschrittliche Berufe eher aus dem klassischen industriellen Arbeitsschema ausbrechen, versucht das System sie durchgehend wieder in diese alte Kiste hineinzuquetschen. Ein großes Problem dabei ist sicherlich die Anwesenheitspflicht, denn die Formel der Fabrik lautet: Anwesenheit = Produktivität. Das Fließband läuft bekanntlich immer gleich schnell weiter. So funktionieren aber die neuen, modernen Berufe immer weniger. Sie werden immer kleinteiliger, granularer, individueller. Insofern ist die Suche nach einem Beruf löblich, leider dämpfen aber die Rahmenbedingung und Institutionen rundherum den Fortschritt und auch die mögliche individuelle Erfüllung, die damit einhergehen könnte.

Obgleich der Wortstamm sehr ähnlich ist, lohnt es sich, Beruf und Berufung zu trennen. Oft besteht die Hoffnung, dass Ersteres zweiten entspreche, meistens ist dies aber nicht der Fall. So wie wir das Konzept der Arbeit verstehen, war sie ja hauptsächlich dazu da, um die eigenen Grundbedürfnisse zu befriedigen. Soll heißen, solange wir brav unserem Beruf nachgehen, gibt es das täglich Brot und ein Dach über dem Kopf. Vor allem im industriellen Zeitalter ging es eben nicht um Erfüllung, sondern um Versorgung. Nun sind wir aber eine Evolutionsstufe weiter und können uns auch langsam der Suche nach dem Sinn dessen, was wir tun, widmen. Im Fall der digitalen, kreativen Berufe unserer Zeit ist es vermutlich einfacher, auch eine Berufung zu verspüren, sind sie doch meist weniger physisch belastend und flexibel genug, um Sinn zu erlangen. Es scheint eine Tendenz zu geben, zu glauben, dass in körperlich fordernden Berufen wie dem Handwerk die Sinnsuche vergeblich ist, während die neuen digitalen Berufe alle nur so von *Purpose* strotzen. Vermutlich ist hier ein hierarchisches Denken der Grund, wie im Mittelalter, wo physische Arbeit zur Überlebenssicherung bestimmt war, aber nicht zu Erfüllung. Aber wieso sollten nicht auch Klempner:innen oder Müllwerker:innen Sinn verspüren können? Wenn Arbeit grundsätzlich der Versuch ist, das eigene soziale Umfeld zu verbessern, würde es ohne solche Berufe ziemlich schrecklich aussehen beziehungsweise erbärmlich stinken, ganz zu schweigen von all den Krankheiten, die uns doch bei schlechten sanitarischen Verhältnissen der Vergangenheit heimsuchten. Problematisch ist, dass ein Beruf nicht zur Berufung werden kann, wenn er nicht entsprechend entlohnt wird. Werden wir mit Hungerlöhnen abgespeist, macht sich das Gefühl der Geringschätzung unserer Arbeit durch die Gesellschaft breit, was es erschwert, sie als sinnvoll zu erachten. Wir kommen also vom Beruf nur zur Berufung, wenn wir entsprechend entlohnt werden. Ohne diese Grundvoraussetzung ist es relativ schwer, denn wer am Existenzminimum nagt, wird sich kaum Gedanken über seine gesellschaftliche Rolle machen können. Ist diese Baseline erreicht, ist es die Fähigkeit von gutem Management, die Leistung der eigenen Tätigkeit gegenüber der Gesellschaft sichtbar zu machen, zu kontextualisieren, welche Verantwortung man trägt. Das führt direkt zur Selbstwirksamkeit, welche unglaublich erfüllend und somit motivierend sein kann. Arbeiten zu gehen, um Geld für den oder die Chef:in zu scheffeln und eine Unterkunft zu haben, reicht nicht mehr als Argument, dazu haben wir einfach zu viel gesellschaftlichen

Gesamtwohlstand, der eben schlecht verteilt ist. Zerlegt man nämlich den Begriff Wertschätzung in seine zwei Einzelteile, sieht man relativ schnell, was wir brauchen, um vom Beruf zur Berufung zu kommen.

Wenn wir eine Berufung gefunden haben, ist die darin enthaltene Tätigkeit auf einmal nicht mehr als »Arbeit« zu verspüren. Klar, jede Berufung bringt auch Aufgaben mit sich, die man gerne vermeiden würde, die nerven, redundant sind, sich gelegentlich sinnlos anfühlen. Der Unterschied zum Beruf ist allerdings, dass ein großes Ganzes, ein Ziel, sogar ein Sinn dahintersteht. Viele können sich eine Berufung erst in der Rente leisten – wenn das Geld bereits gemacht worden ist. Das ist wahrlich eine Tragödie von epidemischem Charakter, eine Art chronische Gesellschaftskrankheit. Wir vergeuden eine Menge Produktivität, Leistung und Herzenslust, wenn wir erst ab 60 den Luxus genießen können, einer Tätigkeit nachzugehen, die uns zutiefst erfüllt. Das Ziel muss sein, dass jeder Beruf schnellstmöglich zur Berufung wird. Dieser Suche widmet sich die »Purpose Economy«, die Sinn-Ökonomie, die sich zwar nach und nach durchsetzt, aber immer noch in den Kinderschuhen steckt. Die Motivationscoaches dieser Welt, die Sinn mit Wohlstand gleichsetzen, sind noch gefangen in der alten Wirtschaftswelt, weswegen sie so oft, man verzeihe den Ausdruck, ziemlichen *Bullshit* von sich geben. Die »Purpose-Päpste« sind im Mittelalter stecken geblieben, während wir dringend zur Reformation müssen.

Früher lautete die Maxime: Neu ist gleich besser. Und außer ein paar fragwürdigen Diäten haben wir relativ wenig von unseren Steinzeit-Vorfahren in die moderne Welt übernommen. Wenn wir von progressiven Arbeitszeitmodellen sprechen, denken wir wohl kaum an die Mittagspause bei der Mammutjagd.

Aber vielleicht ist das falsch, werfen wir mal einen Blick auf die Arbeitszeiten von früher. In der Vergangenheit versteckt sich vielleicht doch die eine oder andere Weisheit, die uns in die Zukunft helfen kann.

Vom Industriezeitalter ins nächste – aller Abschied ist schwer

Die industrielle Revolution war eine wilde Zeit. Dunkel erinnern wir uns noch an den Geschichtsunterricht aus der Schulzeit, als uns dieser unglaubliche Schritt vorwärts nahegebracht wurde. Nur fühlen sich, wie so oft, die Auswirkungen und Fortschritte noch heute selbstverständlich an. An jeder Ecke Produkte, zu Hause ist es warm und beleuchtet. Ein Riesensprung für die Menschheit, den wir nochmal rekapitulieren sollten, um zu sehen, wo die Reise hingeht. Oft lässt sich die Zukunft aus dem Blickwinkel der Vergangenheit leichter erkennen, und uns wird klar, die wahre, oft vergessene Konstante ist der Fortschritt. Wenn wir uns vor Augen führen, dass die Zeit der industriellen Revolution eine Zeit war, die abgeschlossen ist, sehen wir, wie sich das Rad der Geschichte zu unseren Gunsten drehen kann. In weltgeschichtlicher Perspektive kann die industrielle Revolution als kurze Phase der Menschheit betrachtet werden, wie der Übergang vom Nomadentum zur Sesshaftigkeit in der neolithischen Revolution und dem Agrarzeitalter. Nun sind wir auf dem Sprung zum Informationszeitalter, und diese Passage wird keine einfache, Übergänge tun weh, denn sie benötigen als Zündstoff Krisen. Auch wenn wir das industrielle Zeitalter nun verlassen müssen, wollen wir noch ein letztes Mal nostalgisch darauf zurückblicken.

In der Mitte des 18. Jahrhunderts beginnt unsere Geschichte des Fortschritts in England. Assoziiert wird der große industrielle Schritt vorwärts, immer mit der Dampfmaschine, so haben wir es schließlich in der Schule gelernt. Klar, Technologie spielte eine der zentralen Rollen, aber es brauchte schon ein paar mehr Rahmenbedingungen, damit eine solch gravierende Veränderung eintreten konnte. Eine relativ lange Periode des Friedens, eine schwer einzunehmende Insel, die relativ flach war, und so langsam kam auch der internationale Handel in die Gänge – Nachfrage gab es jedenfalls genug.

Grundsätzlich war es ein Zusammenspiel aus Wissenschaften, Technik und gesteigerter Arbeitsteilung, das zu einer Explosion in der Produktivität führte. Die ländliche Bevölkerung, zumeist Bauern und Bäuerinnen, die unter beschwerlichen Bedingungen Subsistenzwirtschaft betrieben hatte, zog in die Städte, denn dort gab es auf einmal Fabriken mit Jobs, die Zukunft boten. Es wurde so viel produziert, dass es auch zu einem massiven Bevölkerungswachstum kam – was in späterer Konsequenz auch zu großen sozialen Missständen führte. Nicht umsonst sind die alten englischen Erzählungen wie »Oliver Twist« von unglaublicher Armut und einer riesigen sozialen Schere geprägt. Auch damals wurden die Reichen immer reicher. Dennoch war es Fortschritt, der sich von den Angelsachsen nach Japan, Amerika und Kontinentaleuropa verbreitete und im Laufe des 19. Jahrhunderts zu viel Wohlstand, aber auch viel Leid führte. Die 40-Stunden-Arbeitswoche, von der wir uns nun schleunigst verabschieden müssen, war eine schmerzhaft späte, aber dennoch große Errungenschaft. Davor haben sich die Menschen, getrieben von den Fabrikchefs, wahrlich zu Tode gearbeitet. Die Gewerkschaften, die die Interessen aller Arbeiter:innen vertreten sollten, mussten erst gegründet werden, weil Profit, Gier und Ausbeutung so allumfassend waren, dass nur eine Vereinigung der Arbeiter:innen oder eine Revolution als Notbremse funktionierten. Insofern waren 40 Stunden fünf Tage die Woche einmal »New Work«. Der Urururgroßvater der Work-Life-Balance, wenn man so möchte. Das dauerte sehr lange, erst im Jahre 1940 war man in den USA so weit, in Deutschland unter dem Motto »Samstags gehört Vati mir« erst gegen 1970.

Was auf die schmutzige, verrußte Welt der Fabriken folgte, waren die Büros, auf die wir linear die Arbeitslogik der Fabriken übertrugen. Anwesenheit, 40 Stunden, *all that good stuff.* Zum Glück haben wir das nun langsam erkannt, dass dieser Weg zu Ende geht. Neue Technologien erfordern auch neue Kulturtechniken, um mit ihnen umzugehen. Arbeit im Büro ist eben nicht dasselbe wie physische Arbeit in der Fabrik. Das Industriezeitalter legte die Grundlage für den Wandel ins nächste, so wie es damals die Agrarkultur tat. Für Nomad:innen wäre es auch nicht leicht gewesen, in Städten mit Fabriken zu leben. So baut jede dieser Evolutionsstufen auf der nächsten auf. Eine Sache, die jeder Übergang allerdings gemeinsam hat, sind neue Werkzeuge. Es benötigt natürlich immer den sinnvollen, nuancierten Umgang mit ihnen. So wie wir es mit den Fabriken einst übertrieben und Menschen zu Tode gearbeitet wurden, werden wir es auch mit den digitalen Arbeitsformen mal zu weit treiben, aber wir werden auch hieraus wieder lernen – vielleicht sogar schneller –, können wir uns doch in einer digital vernetzten Welt schneller zusammenschließen und rebellieren. Die Evolution und der Fortschritt sind nicht zu stoppen.

Die Technologie der Neuzeit ist beeindruckend, nicht nur bildet sie unseren Fortschritt ab, sie lässt uns von der Zukunft träumen: fliegende Autos, Pflegeroboter, Drohnenlieferungen, endlos Energie, das Weltall erforschen und besiedeln ... Im greifbareren, intimeren Sinne soll uns der technische Fortschritt vor allem eine Sache geben: mehr Zeit. Durch die zunehmende Automatisierung von Berufen wird es uns erspart bleiben, 40 Stunden, fünf Tage die Woche dem nachzugehen, was wir klassisch als »Arbeit« verstehen: nicht gelebte Zeit. Aus irgendeinem Grund schaffen wir es aber nicht, uns darüber zu freuen. Da wir zwar die Produktivität immer weiter steigerten, aber nach wie vor an den alten Rahmenbedingungen festgehalten haben, war dieser Fortschritt niemals zu spüren. Klar, die Waschmaschine hat uns mehr Zeit gegeben, der Computer lässt viele frühere Tätigkeiten in rasanter Geschwindigkeit hinter sich – und trotzdem müssen wir gleich lange arbeiten. Der Fortschritt ist da, nur zu spüren bekamen wir ihn nicht. Stattdessen wurde einfach mehr Arbeit in dasselbe Zeitfenster gepackt. Wir sind zu sehr hängengeblieben in dem schönen, linearen Wachstum der Industrialisierung, zu festgefahrene Einstellungen und bürokratische Arbeitsmechanismen verdunkeln unseren Blick in Richtung einer schöneren, besseren Arbeitswelt. Denn mit dem exponentiellen Wachstum, das den aktuellen Diskurs prägt, können wir Menschen schlicht und ergreifend nicht mithalten.

Es gibt eine schöne alte indische Legende, in der der König Sher Khan, begeistert von dem neuesten Zeitvertreib namens Schach, den Erfinder des Spiels zu sich lud, um ihm einen Wunsch zu erfüllen. Dieser wollte im Gegenzug nur ein Reiskorn, auf dem ersten Feld des Schachbretts, dann doppelt so viel auf dem zweiten, doppelt so viel auf dem dritten und so weiter. Während sich der König über seine Dummheit lustig machte, hatte der alte Erfinder das beste Anschauungsbeispiel für exponentielles Wachstum geboten, denn am Ende schuldete der König dem Weisen 18.446.744.073.709.551.615 Reiskörner, ein nicht einlösbares Versprechen, entspricht diese Zahl doch vielen Reisernten weltweit. Und so, wie dieser Wunsch nicht erfüllt werden konnte, können wir mit dem exponentiellen Wachstum nicht mithalten, schließlich lassen sich unser Wohlstand, unser Sinn und, so pathetisch das klingt, unser Glück nicht exponentiell steigern.

Man muss sich also wahrlich fragen, wozu der ganze technologische Fortschritt da ist, wenn nicht, um unser Leben zu verbessern? Einfach immer mehr, endlos wachsen, mehr konsumieren? Wir wissen schon lange, Wohlstand ist genug da – nur verteilt ist er im Moment noch relativ beschissen. Gerade durch die Digitalisierung scheint sich das Ganze noch zuzuspitzen, da Unternehmen so endlos global skalieren können, also in der Lage sind, den Umsatz zu steigern, ohne größere Investitionen tätigen zu müssen.

Seit langer Zeit tobt ein Streit darüber, was man denn mit den ganzen »armen Würstchen« machen soll, deren Berufe »wegdigitalisiert« werden. Irgendwo muss man die doch für 40 Stunden die Woche hinstecken, sonst sitzen sie nur mit Hartz IV zu Hause und besaufen sich, oder werden am Ende noch kriminell. So ein Menschenbild muss man erst einmal bewerkstelligen, da gehört schon eine gehörige Dosis Misanthropie dazu. Wir können uns nicht vorstellen, wie es ist, wenn Arbeit nicht gegen Leben steht. Doch genau in diese Richtung bewegen wir uns. Die Berufe, die verschwinden, sind jene mit hohen Redundanzen. So weit, so gut, klingt ja relativ einleuchtend. Das können Roboter eben effizienter. Ähnlich wie wir auch in Banken keine rechnenden Menschen mehr haben, das ist zu Recht den Computern überlassen. Oder wie die großen modernen Fabriken unserer Zeit immer mehr von Robotern übernommen werden. Es gibt ein paar Parameter, an denen man schnell prüfen kann, der eigene Beruf von Robotern bedroht ist – aber dazu später mehr, denn, ob Ihrer eventuell dazugehört, können Sie durch einen Selbsttest in Erfahrung bringen. Eine kurze Vorwarnung, es sind nicht nur die Berufe im Niedriglohnsegment, wiegen Sie sich nicht in falscher, überheblicher Sicherheit.

Grundsätzlich müssen auch wir naiven Arbeitsweltverbesserer:innen uns klar darüber werden, dass es Berufe gibt, die weitaus weniger von der neuen digitalen Arbeitswelt profitieren als etwa die IT-Branche oder kreative Berufe. Was oft als ein Totschlagargument behandelt wird, ist keines. Man könnte diesen Menschen doch einfach mehr bezahlen und ihre Arbeitszeit reduzieren, wenn ihre Berufe nicht flexibilisiert oder automatisiert werden können. Stimmt die Grundannahme, dass wir aufgrund neuer Technologien immer mehr Produktivität schaffen, wäre sicherlich ein lebenswerterer Lohn möglich. Wenn man bedenkt, dass die Gehälter unserer Wirtschaftsführer:innen teilweise mehr als dem 500-Fachen eines durchschnittlichen Einkommens entsprechen, kann mir keiner erzählen, es sei unmöglich. Wenn die Produktivität steigt, sollten doch wohl alle davon profitieren. Schockierend, der Gedanke, Krankenpfleger:innen oder Reinigungskräfte mit einem menschenwürdigen Gehalt und humanen Arbeitsstunden auszustatten – die industrielle Klassengesellschaft lässt grüßen. Aber solche utopischen Vorstellungen wird die Zukunft uns bieten können, denn durch die Automatisierung entsteht neuer, unvorstellbarer Wohlstand – und so viel brauchen wir für ein Leben in Würde gar nicht. Die Fabrikarbeiter:innen in der Zeit der industriellen Revolution hätten sich sicherlich nach dem Roboterarm gesehnt, der ihre Arbeit verrichtet, statt sich kaputt und zu Tode zu schuften. Dieser Traum wird nun Realität. Man stelle sich vor, eines Tages ginge uns die »Arbeit« aus. All das Anstrengende wird von Robotern gemacht, und wir können uns auf das konzentrieren, was wir wirklich gut können: Mensch sein. Das Verlassen des Industriezeitalters tut natürlich weh, aber das Ziel ist die Reise wert.

Die Digitalisierung kann uns in ein Zeitalter der Fülle führen, in der wir weniger »arbeiten«, mehr Zeit für das Menschsein haben und vielleicht, man glaubt es kaum, glücklicher werden – und währenddessen sogar noch wachsen. Wir bewegen uns aus dem größtenteils fantastischen Industriezeitalter in das nächste – *what a time to be alive*. Ob wir es digital-kreatives oder Informationszeitalter nennen, ist egal. Durch Technologie und Fortschritt ergeben sich neue Arbeitswelten, die eben nicht nur produktiv, sondern auch menschlicher machen. Wir sind keine Fließbandmaschinen, sondern soziale Wesen, die sich nach einem neuen Verhältnis zwischen »Leben« und »Arbeit« sehnen – wenngleich sich diese Dichotomie immer mehr auflösen wird. Dieses Buch beschäftigt sich mit der Frage, wie wir Digitalisierung und Fortschritt, die neue Arbeitswelt mit Homeoffice, mobiler Arbeit und Videokonferenzen so nutzen können, dass wir endlich wieder mit Optimismus und als Gemeinschaft in Richtung Zukunft schauen können. Auch für die Berufe, bei denen man es nicht vermuten würde.

Automatisierung – das Schreckenswort der Moderne oder Erlösung?

Hört man diesen Begriff, denkt man oft an all die Bemitleidenswerten, die ihre Jobs verlieren, weil sie von großen bösen Robotern ersetzt werden. Vor allem in den Fabriken wurde eine Menge Berufe durch die Automatisierung ausgelöscht, bei purer physischer Arbeit mit vielen Wiederholungen bietet der Roboter einige Vorteile. Er braucht keine Pausen, muss nicht schlafen oder essen, kann 24 Stunden arbeiten, und Gehalt braucht er im Übrigen auch keines, sondern meistens nur ein bisschen Strom. Die Begriffe Digitalisierung und Automatisierung werden häufig synonym verwendet, dabei bietet die Digitalisierung zunächst einmal die Möglichkeit, Prozesse zu optimieren oder Aufgaben zu erledigen. Automatisierung geht einen Schritt weiter, hier können Prozesse und Aufgaben eigenständig digital erledigt werden, ohne menschliche Hilfe. Obwohl es natürlich oft noch einen Menschen braucht, der sein wachendes Auge über den »Roboter« hält.

Automatisierung bedeutet in der Praxis: Wegrationalisierung von Tätigkeiten, die der Roboter einfach besser verrichtet. Nur wäre es ein Trugschluss zu denken, das betreffe alle Berufe. Vieles können Roboter auch nicht. Dort, wo ihre Stärken liegen, haben wir Menschen unsere Schwächen. Man denke an den guten alten Klassiker der LKW-Fahrer:innen. Der Roboter hat keinen Sekundenschlaf auf der Autobahn, und wenn die Spuren gut gekennzeichnet sind, kann er die menschlichen Schwächen kompensieren. Viele Stunden lang – Ruhepausen benötigt er nicht – hochkonzentriert immer dieselbe Tätigkeit, den Bodenmarkierungen zu folgen, ohne abgelenkt zu werden, dafür ist er geschaffen. Auf den Autobahnen ist also der Roboter durchaus von Vorteil. Fährt er allerdings in die Städte, wird es langsam schwer für die Algorithmen, denn hier steigt die Komplexität der Verkehrssituationen ins Unermessliche. Fahrradfahrer:innen, Fußgänger:innen, E-Scooter sind mit der Gleichförmigkeit und Regelmäßigkeit der Autobahn nicht zu vergleichen. Warum sollten also nicht die menschlichen Fahrer:innen die LKWs ab der Stadteinfahrt übernehmen, während sie auf dem Highway quasi auf Schiene fahren? Hier zeigen sich das differenzierte Zusammenspiel von Mensch und Maschine und die Vorteile jedes Akteurs und jeder Akteurin. Eines Tages mag auch die »letzte Meile« vom Roboter übernommen werden, aber so weit sind wir noch lange nicht.

Automatisierung bedeutet niemals die hundertprozentige Übernahme unseres Arbeitslebens. Berufe werden in Zukunft in drei Bereiche gegliedert: *tech only, human & tech und human only.* Solange Menschen in Berufen arbeiten, die automatisiert erledigt werden können, verlieren Unternehmen, so hart es klingen mag, Geld. Und zwar nicht wenig. Laut einer Studie im Auftrag von Sage aus dem Jahr 2019 sind es in Deutschland jährlich 30 Milliarden Euro, damit ist Deutschland im negativen Spitzenfeld der Unproduktivität. Klingt erstmal gar nicht so klischeehaft deutsch, obwohl bei zweiter Betrachtung die Verzögerung in Fragen der Digitalisierung doch ein wenig preußisch ist.

Aber wo hilft uns die Automatisierung? Nehmen wir ihr mal ein bisschen das Mysterium. Ein recht simples Beispiel für Automatisierung ist der Kundenservice. Ich weiß, ich weiß, manche lieben es, ihre Wut, wenn etwas nicht so läuft wie geplant, an einem armen Kundensupport-Menschen auszulassen, aber wenn wir ehrlich sind, möchte zu dem Zeitpunkt niemand in deren Haut stecken. Hier greifen Chatbots ein, die Probleme aufnehmen, scannen und erkennen, ob sich diese schnell lösen lassen. Sie können so bereits eine große Menge an Support-Anfragen abdecken. Für den Rest, für den es das menschliche vernetzte Denken braucht, wird ein Ticket erstellt, das die zuständige Person erhält und so die Anfrage bearbeiten kann. Vorbei sind also die Zeiten der outgesourcten Callcenter, hurra! Oft sind es eben die spezifischen Sonderfälle, bei denen Menschen besser sind, während die normalen Routinen von der Maschine übernommen werden können.

Auch in den Personalabteilungen wird bereits mit Automatisierung gearbeitet. Bewerbungen werden vorsortiert, Personaldaten ausgelesen und die passenden Bewerber:innen idealerweise schon zu einem Bewerbungsgespräch eingeladen, ohne dass die Verantwortlichen irgendwelche Unterlagen sichten mussten. Dass das noch lange nicht reibungslos funktioniert und künstliche Intelligenz (KI) bei Bewerbungsprozessen teilweise gewisse Bevölkerungsgruppen stark benachteiligt, davon können einige Unternehmen ein Lied singen und haben daher diese Art der Automatisierung wieder eingestellt. Aber woran lag das? KI schließt ja nicht selbstständig jemanden aus. Nun es sind, wie so oft, menschliche »Fehler«. Wir unterliegen zahlreichen Biases, also Vorurteilen, und kein Mensch ist davor gefeit, diese in seine täglichen Entscheidungen einfließen zu lassen. Und wenn ein Mensch eine KI programmiert, schreibt er ihr seine Werte und Überzeugungen unbewusst mit ein. Zusätzlich arbeitet KI mit zahlreichen Daten aus der Vergangenheit, und wenn die Vorstandsposition in den vergangenen hundert Jahren ausschließlich mit einem weißen Mann Mitte 50 besetzt wurde, der zu 50 Prozent aus Frankfurt stammt und zu 67 Prozent Holger heißt, wird die KI nun wieder so jemanden suchen, hat ja in der Vergangenheit immer gut funktioniert.

So hat auch der Versuch, das Rechtssystem zu automatisieren, unsere menschlichen und systemischen Vorurteile schmerzhaft sichtbar gemacht. Eine KI in den USA sollte entscheiden, welche Insassen auf Bewährung frühzeitig entlassen werden dürfen. Symbolträchtigerweise entschied der Roboter, vermehrt weiße Kriminelle frühzeitig gehen zu lassen, während Schwarze länger einsitzen mussten. Schmerzhaft pointiert spiegelt die künstliche Intelligenz das vorurteilsbehaftete System, mit welchen Daten es gefüttert wurde.

Ein vielleicht nicht ganz so deprimierendes Beispiel sind Pflege-Roboter, die nicht versuchen, die menschliche Stärke, die Empathie, wegzurationalisieren. Stattdessen helfen sie dort, wo die menschliche Schwäche sichtbar wird, etwa beim schweren Heben. So kann eine Art Greifarm helfen, Patient:innen zu tragen und zu transportieren, sodass die Pflegekraft mehr Zeit für das Wesentliche hat, das Zwischenmenschliche. Eine wunderbare Symbiose von Mensch und Maschine. Hier spielt jeder sein Können zur Gänze aus.

Wir sehen also, es klappt (noch) nicht so ganz zu hundert Prozent, hat aber durchaus Potenzial, wenn wir unsere humane Intelligenz und gelegentliche Dummheit mitbedenken. Diese differenzierte Ansicht ist der Schlüssel zur Automatisierung. Maschinen werden bessere Maschinen, Menschen bessere Menschen. Sie ergänzen sich, statt sich zu ersetzen. Dabei entsteht durch eine bessere Arbeitsteilung immer mehr Produktivität – und das wollen wir doch schließlich von der Wirtschaft.

Die Große Resignation

Obwohl wir schon lange nicht mehr von ihr hören können, müssen wir über die Effekte der Covid-19-Pandemie auf die Welt der Arbeit sprechen. Denn nicht nur hat die Pandemie die sogenannte Remote-Work- beziehungsweise Homeoffice-Welt endlich erzwungen, sie hat viele Menschen aus dem ewigen Hamsterrad der Arbeit befreit. Damit gemeint ist, dass in den wenigen Stunden freier Zeit, die wir täglich hatten, kaum Raum war, den Status quo zu hinterfragen. Während in vielen Berufen sogar mehr gearbeitet werden musste, gab es auch solche, die völlig auf Eis lagen. Man denke etwa an Gastronomie, Hotellerie, Friseure, die auf einmal in der Kurzarbeit landeten – ein irreführender Begriff, war es doch eher Nichtarbeit. Zu Hause sitzen, nicht arbeiten können – schrecklich, müsste jetzt nicht eigentlich die Gesellschaft den Bach runtergehen, so wie es uns immer eingeredet wurde? Eher nein. Es bot sich vielmehr die Zeit zum Nachdenken, zur Introspektion, zur Reflexion. Macht mich dieser Beruf wirklich glücklich? Oder ist es nicht nur Beschäftigungstherapie? Soll ich das 40 Jahre lang machen, um mit 65 endlich frei zu sein? Aus genau dieser Zeit der Selbstreflexion und der folgenden Katharsis entstand eine ganze Bewegung, die in den USA begann, die sogenannte Great Resignation, die große Kündigungsbewegung, die sich nun langsam über den Globus ausbreitet. Es lohnt sich, diesen Trend zu untersuchen, denn er zeigt, wie Unmengen an Menschen über den tieferen Sinn der Arbeit reflektieren, und merken, dass das klassische, normative Modell nicht mehr gegenwartsfähig, geschweige denn zukunftsfähig ist. Vor allem in einem Land wie den USA, wo die Arbeit moralisch fast noch einen höheren Stellenwert einnimmt als in Deutschland – sind beide Länder doch sehr erfolgreiche Industrienationen. Kündigen ist ja nichts Abnormales, zum modernen Arbeitsmarkt gehört es sogar dazu. Auch der Anstellungsmarkt unterliegt den Regeln des Wettbewerbs. Nur die Große Resignation ist etwas anderes – diese Menschen wollen nicht mehr zurück in den alten Arbeitsmarkt, außer es ändert sich etwas auf fundamentaler Ebene. Deswegen ist diese Kündigungswelle so spannend, sie ist eine Form des Protests, nur nicht auf der Straße. Ein wenig Rebellion schadet nie, um wirklich etwas zu verändern.

Laut einer Erhebung des U.S. Bureau of Labor Statistics haben 2021 mehr als 33 Millionen Amerikaner:innen ihren Job aufgegeben. Vor allem waren es, nicht ganz überraschend, die Bereiche Freizeit und Gastgewerbe, gefolgt vom Dienstleistungssektor, der Landwirtschaft und dem Bildungs- und Gesundheitswesen, in denen das Handtuch geschmissen wurde. Alles durchaus Berufe, die verdammt hart sind und gleichzeitig erbärmlich entlohnt werden.

Im November 2021 gab es das Rekordhoch an Kündigungen, insgesamt 4,5 Millionen. Gleichzeitig boten sich 6,9 Millionen Arbeitssuchenden 10,9 Millionen offene Positionen. So eine starke Kündigungswelle gab es in den vergangenen 20 Jahren noch nie. Auch in Deutschland konnte diese Bewegung festgestellt werden. So haben zehn Prozent der Bevölkerung im Zuge der Pandemie den Job gewechselt, einige davon haben sogar gekündigt, ohne direkt einen neuen Job in Aussicht zu haben. In Österreich waren es sogar 23 Prozent, die den Beruf gewechselt haben, in der Schweiz mit 24 Prozent nochmal etwas mehr. Und die, die nicht gekündigt haben? 37 Prozent der Deutschen denken momentan darüber nach, den Job zu wechseln, das sind zwölf Prozent mehr als in den Jahren zuvor.

Reflexartig würde man erwarten, es handele sich dabei vor allem um die jüngeren, katastrophal bezahlten Generationen, die desillusioniert von der Arbeitswelt einfach sagen, so mache ich da nicht mehr mit. Aber dem ist nicht so. Spannenderweise waren es diejenigen zwischen 30 und 45 Jahren, also durchaus Menschen, die bereits ordentlich im Berufsleben stehen, die sich verweigern. Die Welt der *Human Resources* hat oft versucht, dieses Problem mit den durch die Pandemie gewachsenen Unsicherheiten zu erklären. Ich glaube aber, dahinter versteckt sich eine weitaus umfassendere Denkweise, die durch die Krise beschleunigt, aber nicht erfunden wurde. Die Fragen des Lebensglücks, der Zeit und Freiheit des eigenen Daseins wurden reflektiert und daraus endlich Konsequenzen gezogen. So viel Materielles brauchen wir dann doch nicht zum Leben. Wenn man die Pandemie als Arbeitskraft in der Pflege überstanden hat, einem eine Verbesserung und größere Anerkennung versprochen wurde, nur um dann wieder in Vergessenheit zu geraten, ist es durchaus verständlich, dass man das Handtuch wirft. Nicht nur die Kurzarbeit, sondern die Zuspitzung aller Arbeit durch die Pandemie war ausschlaggebend. Sie machte Probleme schmerzhaft sichtbar, die wir kollektiv lange geschafft hatten zu ignorieren. Und nun drehte sich der Arbeitsmarkt in ungekannter Weise. Wo sich früher noch potenzielle Bewerber:innen für ein Unternehmen schmackhaft machen mussten, hat sich der Spieß nun gedreht. Aus den USA erreichten uns Unmengen an Bildern verschiedener Geschäfte mit Schildern wie »Sorry, wir sind geschlossen, alle haben gekündigt, und der Manager ist ein Arschloch«. Wir sprechen in den USA von 10,9 Millionen vakanten Jobs – das ist wahrlich keine unerhebliche Menge. Eine Zeit lang versuchten die Arbeitgeber:innen noch, mit den altbewährten Mitteln Menschen wieder in die Berufe zu locken, aber nichts funktionierte. Kleine Erhöhungen über den Mindestlohn wirken eben nur wie eine Verarsche, wenn das gesamte Arbeitssystem hinterfragt wird. Auf einmal musste McDonald's bis zu 20 Dollar Einstiegslohn (eine Steigerung von fast 100 Prozent) bezahlen, nur um wieder Leute hinter den Tresen zu bewegen. Am schrägsten an der ganzen Sache war, dass das kaum einen Unterschied beim Gewinn zur Folge hat. Bei den unglaublich hohen Profiten dieser Unternehmen verursachten zumindest erträgliche Einstiegsgehälter und humane Arbeitsbedingungen kaum eine Delle. Umso mehr wurde klar, dass die Große Resignation eine gute Sache war, ein dringend notwendiger Protest. Auf einmal mussten sich Unternehmen attraktiv für Arbeitnehmer:innen machen und nicht umgekehrt – was für eine geile Zeit. Es wird somit langsam das menschliche Glück und die Verträglichkeit mit dem »Leben« in den Mittelpunkt gerückt, statt das bloße Arbeitskapital. Deswegen empfehle ich all denjenigen, die auf dem Arbeitsmarkt unsicher sind, umzudenken. Vor allem für die Jüngeren, die pandemiebedingt kaum Erfahrungen sammeln konnten, ein Vorschlag: das sogenannte Aufgeben-Prinzip. Einfach mal ausprobieren, denn die Arbeitswelt braucht euch, auch wenn ihr das bis jetzt nicht spüren konntet:

Ihr hattet es nicht einfach. Inflation, Pandemie, Kontaktbeschränkungen, um nur ein paar der neuesten Highlights zu nennen. Vor allem die Auswirkungen auf den Jobmarkt sind massiv, Berufseinstiege im Moment eine absolute Qual. Glück hat, wer nicht nur digital sein neues Unternehmen kennenlernen darf. Einstiegsgehälter sind so oder so ziemlich miserabel, vor allem mit Blick auf die Steigerung der Lebenskosten. Wenn man sein neues Team nicht mal persönlich kennenlernen kann, ist es wahrlich schwer, sich mit voller Motivation ordentlich einzuarbeiten. Persönlich würde man den Kolleg:innen zumindest in die Augen sehen können, der Rest ist von Masken verdeckt – aber immerhin. Den Instinkt, der jungen Generation Faulheit und Weichheit zu unterstellen, kennen wir alle. Ein Bumerang-Klischee, das historisch immer wieder zurückkehrt. Die Jungen sind faul, verloren und wollen einfach nix arbeiten. Diese toxische Dynamik aus schwieriger Ausgangssituation und latent paternalistischen Tönen führt zu viel Frustration, keine Frage. Deswegen ein neuer Lösungsversuch: einfach drauf pfeifen. Sich dem Druck entziehen, beim Spiel nicht mehr mitmachen. Wenn einem der Job nicht passt, geht man eben. Ist das Einstiegsgehalt zu traurig? Danke, nein sagen. Der Jobmarkt braucht die Jugend, das Rentensystem auch. Ein bisschen apathischer Protest wirkt Wunder. Wie so oft im Leben: Ignoriert man etwas, kommt es direkt um die Ecke – sogar meist besser. Zugegeben, das muss auch gesagt werden, einfach so den Job zu kündigen muss man sich erst einmal leisten können. Der Wunsch nach Autonomie und Selbstverwirklichung in unserem Beruf darf also keineswegs nur jenen vorbehalten bleiben, die die Mittel dazu haben, sich in einer Pandemie neu zu orientieren.

Warum passiert das gerade jetzt? Nun, laut dem Ökonomen Arindrajit Dube ist die Pandemie quasi der Bruch, der viele Angestellte zum Umdenken gezwungen hat. Dadurch wurde ihnen bewusst, dass sie die längste Zeit unterschätzt haben, wie schlecht ihre Jobs eigentlich sind – das Hamsterrad musste mal gestoppt werden, um den eigenen Käfig wirklich erkennen zu können. Ziemlich traurige Erkenntnis, oder? Doch nicht nur im Niedriglohnsegment kam es zu Kündigungen, auch in den sogenannten White-Collar-Berufen gab es ein großflächiges Umdenken. Die Gründe sind der Wunsch nach beruflicher Neuorientierung, weniger Stress – kurz, einem Work-Life-Blending. So sieht man mit Erschrecken auch die regressiven Tendenzen moderner Unternehmen, das neu etablierte Homeoffice wieder zu verbieten. Dass die alten, klassischen Industrieunternehmen Schwierigkeiten mit neuen Arbeitsformen haben, ist noch nachvollziehbar. Aber ein pur digitales wie Google oder Meta? Da sieht man, wie groß der Kontrollwahn der Führungswelt wirklich ist.

Viele Unternehmen sehen sich einer hohen Diskrepanz gegenüber. Denn alles, was sie wollen, ist endlich wieder so weitermachen wie »davor«, zurück zu den Gewinnen und den Arbeiter:innen, die brav im Büro sitzen. Doch diese wollen nicht mehr einfach so zurück, denn die paar Vorteile, die wir durch die Pandemie erhalten haben, geben wir nicht mehr her. Laut einer McKinsey-Studie wollen wir zwar wieder in die Büros, aber auch die Möglichkeit haben, remote von zu Hause oder aus dem Urlaubsort zu arbeiten – hier gibt es den wunderbaren Trend der Workation, den ich Ihnen später noch vorstelle.

So berichtet Microsoft, dass sich zwar 65 Prozent der Angestellten den persönlichen Kontakt zu ihren Kolleg:innen wünschen, 70 Prozent aber gleichzeitig bestimmen wollen, wann der stattfindet und wann sie von zu Hause aus arbeiten können. Gleichzeitig hatten 80 Prozent das Gefühl, im Homeoffice gleich viel, wenn nicht sogar mehr zu arbeiten. Die alte Leier davon, dass im Homeoffice niemand produktiv ist, kann keiner mehr hören. So wurde diese Denkweise durch ein Riesenexperiment während den Lockdowns widerlegt. Was durch einen erzwungenen Vertrauensvorschuss doch alles möglich ist.

Zusätzlich fühlten sich aber 40 Prozent deutlich ausgelaugter. Die ständigen und längeren Meetings, auch noch digital, das strengt an, dafür sind wir Menschen nicht gebaut. Kommunikation ist eben mehr als nur ein Gesicht, das spricht.

Was können Unternehmen also tun, damit ihnen die Mitarbeiter:innen nicht weglaufen? Ich könnte jetzt beginnen und von Initiativen wie dem Job Crafting sprechen, bei dem Mitarbeiter:innen die Art und Weise zu arbeiten und zu leben aktiv mitgestalten, aber ehrlich gesagt ist das auch nur ein Buzzword dafür, wie man Angestellten das Gefühl geben kann, sie könnten mitreden, obwohl sie eigentlich keinen Gestaltungsspielraum haben. Sehen wir uns erstmal an, wie der Status quo ist, bevor wir zu einem wirklich sinnvollen Arbeiten kommen.

III Status quo

Generationskonflikte

Niemand ist gerne die Person, die »I told you so« sagt, aber ich nehme diese schwere Aufgabe jetzt einfach mal auf mich. Meine Generation, die ominösen, heißbegehrten Millennials (Baujahr 1980 bis 1995) sind leider keine Profis, was Rebellionen angeht – wir sind kläglich gescheitert.

Aber wieso?

Wir wollten bessere Arbeitsbedingungen, Homeoffice, mehr Sinn, mehr Flexibilität. Und bekamen: ein weiteres unbezahltes Praktikum – was für eine bittere Abfuhr. Nun ist es in der Regel so, dass unsere Chefinnen und Chefs den Generationen vor uns entstammen – so funktioniert das Senioritätsprinzip in der Wirtschaft nun mal. Und wir bekamen eine gehörige Abfuhr von ihnen. Und ehrlich gesagt dürfen wir Millennials ihnen dies nicht einmal übelnehmen, hatten sie doch ihren Aufstieg durch andere, industriell geprägte Arbeitsformen erlangt. Zwei Stunden am Tag pendeln, um acht Stunden zu arbeiten – das war ihre Realität, und, to be fair, sie funktionierte. Die Welt, in der sie ihren beruflichen Aufstieg hinlegten, war aber eine andere. Es gab kein Internet, keine iPhones oder Laptops. In dieser Zeit waren Konzepte wie Homeoffice, berufliche Selbstorganisation und mobiles Arbeiten noch Hirngespinste. Ähnlich utopisch wie autofreie Innenstädte. Insofern kann man ihnen den initialen Reflex, diese Wünsche damit abzutun, dass die »Jugend faul sei«, im ersten Schritt nachsehen. Im zweiten allerdings nicht mehr. Denn es hat sich viel getan auf dem Arbeitsmarkt. Studien zu Produktivität, Arbeitszeit und Homeoffice gibt es schon seit Jahrzehnten. Aber wie so oft gehen wir Menschen gerne den Umweg, in diesem Fall über eine Pandemie, um den Wandel zu erzwingen.

Nun ist es leider so, dass wir nach jahrelangen Praktika und geringen Aufstiegschancen nicht gerade die beste Verhandlungsposition hatten. Nichtsdestotrotz standen wir vor der Führungsriege und baten um einen Vertrauensvorschuss. Spoiler – es lief nicht gut.

Wie oft musste ich hören, dass es unmöglich sei, im Homeoffice produktiv zu sein. Mein Wunsch, freitags von zu Hause aus zu arbeiten, wurde von so manchem Chef als glorifizierte Freizeit verpönt. Zu Hause kann ich ja schließlich nicht ein- und ausstempeln. Not cool. Meiner Generation wird nachgesagt, so viel zu reisen wie keine Generation vor ihr. Wir fühlen uns überall zu Hause, und die logische Schlussfolgerung ist, sich auch arbeitstechnisch überall zu Hause zu fühlen. Gutes WLAN, und los geht's. Anhören mussten wir uns natürlich auch hier, wir seien faul und naiv, und ohne Überwachung geht sowieso nichts. Vertrauen ist gut, Kontrolle ist besser. Nach drei Ehrlichkeits-Bier unterschreibt Ihnen jede:r Manager:in der alten Arbeitswelt diesen Satz, egal wie hipp sie oder ihr Führungsstil nach außen hin scheinen mag.

Und jetzt?

»We told you so!« Wir bewegen uns dank Covid-19 mit höherer Geschwindigkeit aus dem Industriezeitalter ins Informationszeitalter, während unser Arbeitsmarkt noch in den 1950ern stecken geblieben ist. Beim Thema Digitalisierung haben wir endlich aufgeholt, und es wurde uns schmerzhaft vor Augen geführt, wo es Sinn macht und wo eben auch nicht. Facetimen mit der Omi ist nach dem fünften Mal eher dröge und kann das persönliche Treffen nicht ersetzen. Für ein kurzes Winken aus dem Urlaub ist es vielleicht sinnvoll, für tiefgründige, generationsübergreifende Lebensweisheiten eher nicht. Aber in der Wirtschaft und somit in der Arbeitswelt wurden die Vorteile einer zunehmenden Digitalisierung klar sichtbar.

Wenn ich meine jungen Student:innen frage, wie sie sich ihre ideale Arbeitswelt nach dem Studium vorstellen, wird mir etwas Grauenvolles bewusst. Sie müssten alle selbstständig werden, denn in dieser alten Arbeitswelt finden sie keinen Platz mehr.

Die Generation, die nun in den Arbeitsmarkt einsteigen muss, ist allerdings von etwas mehr Pragmatismus geprägt als die meinige. Ich bin ein Millennial, also aus der »noch« eher postmateriellen Generation. Unsere Eltern haben ordentlich Wohlstand erwirtschaftet – da kann man sich weichere Werte leisten. Postmaterielles Denken ist eben wesentlich einfacher, wenn man ein finanzielles Auffangbecken hat.

Die Jüngeren, meine Student:innen, sind da etwas realistischer bzw. pragmatischer. Sie sind geprägt von Krisen und Unsicherheiten, sehnen sich somit zumindest im Beruflichen nach etwas Stabilität. Somit wären sie auch bereit, den alten Nine-to-five-Scheiß mitzumachen, wenn man ihnen ein sinnvolles Gehalt dafür bietet. Nur gilt es zwei Sachen zu beachten. Sie handeln aus Angst und keineswegs freiwillig. Am liebsten würden sie auch in ihrem Beruf Sinn finden, aber Angst kann zu Erstarrung führen. So wollen sie zwar in die neue Arbeitswelt mit aufbrechen, sind aber unsicher, ob sie sich in solch einem volatilen Wandel dann das Leben überhaupt leisten können. Aus dieser Perspektive ins Berufsleben zu starten könnte schwerer nicht sein. Wie sollen sie sich gegen unfaire Verhältnisse wehren oder durch kreative Ansätze einen Rückschlag riskieren, wenn die Kündigung des befristeten Arbeitsvertrags wie ein Damoklesschwert über ihnen hängt? Das kostet Nerven und Energie. Ergo – Sie kriegen die Generation Z noch durch Angst in die alte Arbeitswelt hineingequetscht, aber versuchen Sie dann ja nicht, sie nach Dienstschluss zu erreichen. Da sie enttäuscht auf die Arbeitskonzepte blicken, können sie sich nicht vorstellen, innerhalb klassischer Unternehmenskulturen glücklich zu werden. Dann erleiden sie lieber die Arbeitszeit und freuen sich auf die Freizeit – ganz wie ihre Elterngeneration. Es mag paradox klingen, aber unter Umständen sind die Jungen bereit, einfach aufzugeben, nicht zu rebellieren, um endlich die Sicherheit im Job zu bekommen, die sie im Leben schon lange nicht mehr haben. Das wäre zwar zynisch, aber so könnte man die Arbeitswelt von gestern noch eine Zeit lang in einem Zombiezustand am Leben erhalten. Sinnvoll ist es allerdings nicht, nur eine Verzögerung des unausweichlichen Wandels. Die Entscheidung der Generation Z kann nicht lauten, Glück in der Selbstständigkeit oder Stabilität in einem Unternehmen.

Generationsmordplatz: Arbeit

Die nächste Generation ist faul, verblendet, digital verseucht und will eigentlich gar nicht mehr arbeiten. Völlige Wohlstandsverwahrlosung, die Augen schon fast quadratisch dank Smartphone in der Muttermilch.

Haben Sie sich schon bei diesen Gedanken erwischt? Dann sind Sie vermutlich aus der Generation der Babyboomer (Baujahre 1945 bis 1960) oder Generation X (1961 bis 1980), was man vermutlich im mittleren Alter bezeichnen könnte. Sie waren die vordigitalen Generationen, also nicht sogenannte Digital Natives. Das Klischee, die Kids seien faul, wollen nichts mehr leisten, geschweige denn arbeiten, ist eines, das sich bis in die Antike finden lässt. Wunderbar, vielleicht ein wenig moderner, kann man Zeitungsartikel seit dem Jahre 1894 bis ins Jahr 2022 finden, in denen behauptet wird, keiner wolle mehr arbeiten. Es zerfällt also schon seit 130 Jahren der Arbeitswille. Komisch – ist die Wirtschaft doch stetig gewachsen.

Wir unterstellen also der Generation nach uns prinzipiell immer eine Verdummung, Faulheit und Unterlegenheit – aber warum ist das so?

Vermutlich liegt es daran, dass wir wissen, dass die Kids uns eines Tages überholen werden. Deswegen werden sie mal präemptiv runtergemacht – sicher ist sicher. Eines Tages sind wir alle nur mehr Tourist:innen in der Welt der nächsten Generationen, deswegen verschaffen wir uns einen Startvorteil, solange dieser noch hält. Vor allem in der Arbeitswelt ist dieser durchgehende Generationskonflikt spür- und messbar. Denn in der Regel stellen die älteren Generationen die jüngeren an. Ist ja auch gut so, wer viel Erfahrung in einer Branche hat, darf die Entscheidungen treffen, Macht haben und den Takt vorgeben. So funktionierte das sehr lange sehr gut. Nun aber gibt es eine kleine Veränderung namens Digitalisierung und massiver technologischer Fortschritt. Durch diese fühlen sich viele umso schneller abgehängt, während sich die jüngeren Generationen ratzfatz an neue Technologien anpassen – sind sie doch damit aufgewachsen. Das befeuert die Anschuldigungen und Unterstellungen von Alt gegen Jung noch mehr.

Es sei an der Stelle gesagt, dass jede Generation seine eigene Sicht auf die Arbeitswelt hat und auch erfolgreich damit gefahren ist. Vor allem Boomer und die Generation X sind in einem Zeitalter aufgewachsen, in dem acht Stunden am Tag, fünf Tage die Woche ein wirkliches Erfolgsrezept waren. Wer da mitmachte, für den ging es ordentlich bergauf. Dickerer Firmenwagen, mehr Gehalt, und sogar eine gute Rente! Die jüngeren Generationen glauben kaum mehr an das Prinzip der Rente, aber nicht nur aus demographischen, finanziellen Gründen. Vielmehr ist es im Zeitalter der Sinnökonomie gar nicht nötig, irgendwann mal aufzuhören. Man passt seinen Beruf eben an, vielleicht wird er sogar zur Berufung. Wer genug Sinn in seiner Arbeit verspürt, möchte gar nicht aufhören, der pfeift doch auf die Rente. Dabei war doch bereits beim Berufseinstieg der Boomer die Rente als Ziel ausgegeben worden. So zeigen sich sehr schnell die Trennlinien in den Lebens- und Berufsvorstellungen. Bevor wir diese Brüche heilen, gilt es zuerst die Arbeitsrealitäten und -wünsche der verschiedenen Generationen zu verstehen.

Boomer: Congratulations, ihr habt es geschafft! Bald steht für den Großteil der Babyboomer die lang ersehnte Pensionierung bevor. Der Name eurer Generation leitet sich aus dem hohen Geburtsquoten nach dem Zweiten Weltkrieg ab, es gab verdammt viele von euch, und ihr habt hart gearbeitet, um die Welt nach der fast völligen Zerstörung neu aufzubauen. Ihr wart mit Anfang zwanzig mit der Ausbildung fertig, und gleich ging es – für die Männer nach dem noch obligatorischen Wehr-

oder Zivildienst – ab ins Berufsleben. Die Ansprüche waren hoch, die Vorgängergenerationen wirkten mit einer ziemlich militärischen Arbeitsmoral auf euch ein. Aber euch wurde von Anfang an auch das Ende des Leids in Aussicht gestellt. Zwar würdet ihr eure Kinder nicht ganz so viel sehen, immer erst zum Abendessen heimkommen, aber dann hatte die liebe Frau schon gekocht. Das war die Realität der Arbeitswelt eurer Eltern, die sie euch vererben wollten. Zum Glück war euch dieses Bild etwas zu regressiv, und ihr habt rebelliert, worauf ihr bis heute verdammt stolz seid – 68er-Bewegung und so. Was Frauenrechte anging, habt ihr damals ordentlich was bewegt, auch für die Nachhaltigkeit habt ihr euch eingesetzt. Die Unterstellung, dass die jungen Generationen zu individualistisch und faul seien, habt auch ihr euch damals anhören müssen. Ihr wart die erste »Me-Generation«, die »Generation ich«, auch wenn ihr das schon wieder vergessen oder verdrängt habt. Aber ihr wart die acht Stunden am Tag auf der Arbeit, und es ging ordentlich was voran. Die Welt des Wohlstands des 21. Jahrhunderts habt ihr mit eurer harten Arbeit geschaffen, aber eben auch die Arbeitskulturen, die jetzt hinterfragt werden. Aber keine Sorge, lange müsst ihr euch das nicht mehr anhören, denn ihr habt die Kohle auch gut gebunkert. Ihr besitzt knapp 60 Prozent des gesellschaftlichen Gesamtvermögens, Hut ab! Das ist ja auch ganz wunderbar, habt ihr euer Leben lang gespart. Aber dieses Geld fehlt aufgrund eurer Generationsgröße den jüngeren, konsumierenden, familiengründenden Menschen. Die zynische Tendenz zu sagen, nur durch Erben kann man noch reich werden, stimmt somit zu einem gewissen Grad. Durch neue Fortschritte in der Medizin werdet ihr auch verdammt lang leben, insofern sollte der Ruhestand doch ganz entspannt werden.

Generation X: Nach einem Babyboom ist es nicht einfach. Wie soll man da noch den Zeitgeist prägen? Die Generation X, die vergessene Generation, hat das voll und ganz zu spüren bekommen. Auch bekannt als die Generation »No Future«, wurde sie früh geprägt durch die apokalyptischen Schreckensvisionen des Kalten Krieges. In euch hatte man ungefähr so viel Hoffnung wie in die jüngsten Generationen der Gegenwart. Ab 1960 bis 1980 geboren, habt ihr den Wirtschaftsaufschwung der Boomer gut mitverfolgen, aber nicht unbedingt davon zehren können. Euer Motto: Kopf runter, hart arbeiten – es wird sich schon bald lohnen. Denn die ganzen Führungsposten, auf denen die Boomer sitzen, werden nun bald frei – und ihr werdet sie kriegen. Bis jetzt habt ihr zwar nur 20 Prozent des gesellschaftlichen Kapitals, aber der Wert wird nun maßgeblich emporschießen, denn Chefgehälter sind gut, dafür haben die Vorgenerationen gesorgt. Obgleich ihr sicherlich nicht so verloren und hoffnungslos wart, wie euch die Boomer das unterstellten, kommt nun eine unglaublich wichtige Rolle auf euch zu. Ihr werdet die Führungsposten haben, die entscheiden, wie gut wir vom Industriezeitalter ins Kreative/Informationszeitalter kommen. Ihr werdet entscheiden müssen, wie wir flexible Arbeitszeiten, Homeoffice, Sinn und Diversität ordentlich in der Arbeitswelt verankern. Ihr werdet auch lernen müssen, ein bisschen loszulassen, nicht die Führungswelt der Vorgenerationen direkt übernehmen. Vertrauensvorschüsse geben, um den Wandel der Arbeitskultur zu ermöglichen. Mit großer Macht kommt große Verantwortung.

Generation Y: Arbeit war unsere Rebellion, und wir haben sie vergeigt. Während die Generation nach uns richtig auf die Straße geht, haben wir zumindest in der Arbeitswelt kurz rebelliert. Wir haben schon mal Sinnökonomie gefordert, Homeoffice gemocht, bevor es cool war, und mobiles Arbeiten hätten wir auch noch gerne gehabt. Nur leider haben wir auf diese Forderungen eine komplette Abfuhr bekommen und waren dann nicht wirklich konsequent. Da wir im Wohlstand der Babyboomer-Generation – meist unsere Eltern – aufgewachsen sind, konnten wir es uns auch leisten, die starre Arbeitswelt ein bisschen zu hinterfragen. Postmaterialismus muss man sich leisten können. Aber jetzt reißen sich alle am Arbeitsmarkt um uns, denn wir sind die erste Generation der Digital Natives. Der oder die 1981 Geborene hatte in seiner oder ihrer Kindheit häufig noch einen Walkman, aber dann ging es schon schnell über den Discman in Richtung iPod & Computer. Der Grund, warum die Arbeitswelt jetzt gerade so dringend nach uns verlangt, ist vermutlich dieser – unsere digitale Kompetenz. Dabei ist das gar nicht unsere ureigene große Stärke, sondern der Fakt, dass wir die modernen Arbeitsformen, mit denen die älteren Generationen überfordert sind, schon viel länger wollen. Vor unserem geistigen Auge haben wir die Welt von morgen, wenn es um Work & Life geht, schon längst durchgespielt. Geträumt vom Homeoffice oder der Viertagewoche. Es wurde uns damals aber verwehrt, weswegen wir jetzt umso härter zeigen werden, warum es damals, und jetzt noch mehr, eine gute fucking Idee ist. Man entschuldige meine Emotionalität bei dem Thema, ist wohl die Solidarität mit der eigenen Generation.

Generation Z: Wenn Millennials Digital Natives waren, ist die Generation Z nun endgültig digital verseucht. Also wirklich, die mit den quadratischen Augen. Generation TikTok, keine Aufmerksamkeitsspanne, am liebsten niemals arbeiten, sondern nur Influencer werden und chillen. Man kennt die Klischees.

Dabei ist die ab 1995 geborene Generation nicht einfach nur Generation Y auf Crack, sondern durchaus etwas vorsichtiger. Sie haben gesehen, wie wir mit unserer weichen Work-Life-Revolution gehörig auf die Fresse gefallen sind, und sind dadurch durchaus pragmatischer geworden. Vor allem, weil sie von so vielen Krisen geprägt worden sind, haben sie auch ein anderes Sicherheitsbedürfnis. Bankenkrise 2008, gefolgt von Flüchtlingskrise, Pandemie, Krieg und dem buchstäblichen Dauerbrenner Klimakrise – da darf man schon etwas ernüchtert auf die Welt von heute und morgen schauen. Obwohl diese Generation ganz klarsieht, dass die neue Arbeitswelt die Zukunft ist, ist eine gewisse Fraktion von ihnen aufgrund ihres massiven Sicherheitsbedürfnisses sogar bereit, die alte Welt mitzumachen. Acht Stunden absitzen, fünf Tage die Woche, okay – aber dann muss die Bezahlung stimmen. Ab 16 Uhr braucht die Arbeit sich nicht mehr melden. Wer die Klischees weiterhin befeuert, diese Generation wolle einfach nicht arbeiten, hat es einfach nicht verstanden oder versucht abzulenken. Wie schon erwähnt, dieses Vorurteil wird seit der Antike gepflegt. Die Angst, in die alte Arbeitswelt gezwungen zu werden, ist wahrlich hart, aber diese Generation kann zumindest auf Zeit spielen. Grundsätzlich haben auch sie verstanden, dass die alte Arbeitswelt ein Ablaufdatum hat. Aber in Zeiten der Unsicherheit rutschen die Selbstverwirklichung und das Sinnliche etwas in den Hintergrund, Bedürfnispyramide und so. Wenn man am Monatsende jeden Cent umdrehen muss, obwohl man der Generation mit den meisten höheren Abschlüssen angehört, kann man schon mal auf die Straße gehen und rebellieren. Das klappte für diese Generation schon beim Thema Klima, man denke an Fridays for Future. So wird es sich, sollte sich nichts ändern, auch bei dem Thema Arbeit und Wohlstand wiederholen. Denn sich global und digital vernetzen und auf die Straße gehen, um den Status quo zu hinterfragen, das kann die Generation Z verdammt gut. Als Mitglied der Generation Y kann man da nur neidisch sein, wir haben es nicht so mit dem Rebellieren.

Diversity

Diversität, schon wieder so ein anstrengendes Buzzword. Zu Deutsch: Vielfältigkeit. Klingt zwar trockener, beschreibt es aber ganz gut – und hat einen positiven Touch. Im öffentlichen Diskurs kennen wir es vor allem rund um Diskussionen zum Thema Arbeit und Gendergerechtigkeit. Vor allem in den Führungsetagen im deutschsprachigen Raum gibt es einen sehr klar erkennbaren Phänotyp; 50+, weiß, männlich, leichter Bierbauch. Frauen und Menschen mit Migrationshintergrund sind hier klar unterrepräsentiert, beim Anteil der Frauen in Chefpositionen sind wir in Deutschland im europäischen Vergleich sehr weit hinten, aber immerhin fast gleich schlecht wie unser kleiner Bruder Österreich. Man nimmt, was man kriegt. Führend sind hier Staaten aus Osteuropa sowie dem Baltikum, da stimmt wohl das eine oder andere Klischee, wie so oft, doch nicht. Dass keines dieser Länder über 50 Prozent Frauenanteil kommt, bewahrheitet sich allerdings doch – leider. Dass sich somit viele Mitarbeiter:innen nicht verstanden oder gar repräsentiert fühlen, ist klar. Aber das zentrale Argument für diverse Teams und Chefetagen sollte nicht primär ein moralisches, sondern eines der Produktivität sein. Wenn Sie eine Gruppe aus zehn Leuten haben, die sich alle dieselben Hintergründe und Einstellungen teilen, wird sie sehr leicht zu führen sein, denn das Konfliktpotenzial ist eher gering. Wenn Sie allerdings innovativ oder kreativ arbeiten wollen, müssen Sie neun dieser Personen entlassen, denn es gibt keine Reibung. Wenn alle einer Meinung sind, gibt es keinen Denkprozess, sondern nur homogenes Kreisdenken, und somit keinen Raum für Neues. Alle bestätigen sich einfach nur gegenseitig, klopfen sich auf die Schulter und leiden somit unter dem, was wir aus den sozialen Medien als Filterblase kennen – nur diesmal schön analog. Klar, Unterschiede können anstrengend sein, aber Differenzen machen interessant, innovativ und kreativ. Faule Führung genießt die Einfachheit des Homogenen. Zukunftsfähige Manager:innen verstehen, dass im Informationszeitalter Diversität kein moralisches Argument ist, sondern ein Wettbewerbsvorteil. Führungskräfte, die nicht auf diesen Vorteil setzen, werden früher oder später rausfliegen – so funktioniert doch der freie Markt.

Heterogene Teams haben aber noch einen weiteren Vorteil, der gleich das nächste Buzzword auf die Bühne bringt. Sie sind resilient. Was im Systemischen von Ökosystemen bis Gesellschaften zutrifft, ist auch in der Welt der Arbeit relevant. Denn Unterschiede machen nicht nur produktiver, sie sind auch weniger krisenanfällig, da sie durch kleine Friktionen im Dauer-Mini-Krisenmodus sind, wenn man so möchte. Es ist schwieriger zu erstarren, wenn man sich regelmäßig in verschiedene Richtungen bewegen muss. Resilienz ist vor allem im deutschsprachigen Raum ein falsch verstandener Begriff, er wird nämlich mit dem Vermeiden von Krisen assoziiert. Demnach hieße krisenfest, keine Krisen zu durchleben. Das ist leider Quatsch. Denn Systeme, seien es Teams oder Gesellschaften, die gleichartig sind und niemals Krisen erleben, erstarren. Dann benötigt es nur einen geistigen oder politischen Virus, um das ganze System über den Haufen zu werfen. Am einfachsten ist das anhand eines Beispiels aus der Natur nachzuvollziehen. Nehmen wir den Unterschied zwischen Mischwäldern und Monokulturen. Kommt ein Schädling ins Spiel, sehen wir sofort, dass Ersterer durchaus krisenfester ist als der zweite. Bekanntermaßen zerlegt der Borkenkäfer Monokulturen in Windeseile, hinterlässt Schneisen der Verwüstung, wenn alle Bäume von der gleichen Art sind. Die armen Fichten. Der Mischwald hingegen, erholt sich relativ schnell wieder, das exponentielle Wachstum des Schädlings ist extrem erschwert. Dennoch, in »ruhigen« Zeiten ist die Monokultur sicherlich weniger komplex und einfacher handhabbar als das Ökosystem Mischwald, aber eben durchaus gefährdeter, total zerstört zu werden. Laut Studien trifft diese Logik sogar bei Waldbränden zu, mit Blick auf den Klimawandel nicht ganz unerheblich.

In Gesellschaften verhält sich die Interaktion von Resilienz und Heterogenität sehr ähnlich. Die produktivsten Gesellschaften der Geschichte waren immer die durchmischten, vom Römischen Reich bis zum Aufstieg Amerikas. Die sogenannten Melting Pots der Geschichte, wo Menschen aus unterschiedlichen Herkünften zusammentrafen und arbeiteten, entfachten immer unglaubliche Innovationsenergien, nur waren sie politisch schwer zu händeln. Mit der Zeit werden Komplexität und Reibung innerhalb heterogener Systeme schwer zu bändigen sein, vor allem mit starren hierarchischen Strukturen. Obwohl sie anfangs sehr gut und schnell Produktivität entfachen können, übersteigt die produktive Differenz relativ zügig die Kontrollfähigkeit von rigiden Top-down-Rangordnungen. Denn wie das starre, hierarchische Management im Business tut sich auch die Politik mit homogenen Gesellschaften leichter. Dann reicht eine politische Nachricht, um alle Menschen zu erfassen. Somit erspart man sich die Anstrengung, Menschen als Individuen zu erfassen. One-Size-Fits-All ist für die oberen Ebenen einfach, aber für die Gesellschaft gefährlich. Deswegen werden auch so oft »die Fremden« als Sündenbock herbeigeführt, alles kaputtgemacht zu haben.

Die Diskussion um Diversität in der Arbeitswelt mündet oft in die Quotendiskussion. Sollten wir für gewisse Positionen Quoten für Menschen mit unterschiedlichen Geschlechtern, Herkünften und Hintergründen einführen? Interessanterweise wird hier ein soziodemographischer Indikator ganz oft vergessen, der vermutlich viele der Probleme lösen könnte: das Alter. Also eine Altersquote, das klingt schon ungeheuerlich. Man stelle es sich vor, dass sogar auf der Führungsebene ein bestimmter Prozentsatz an Menschen aus den jüngeren Generationen vertreten sein müsste. Die These lautet, dass somit die anderen Parameter der Diversität sich viel leichter etablieren lassen würden, denn für die jüngeren Generationen sind heterogene Gesellschaften Normalität – sind sie doch vermehrt in diesen aufgewachsen. Keine Frage, viele Manager:innen zucken bei so einem Gedanken zusammen. Man stelle sich vor, in den Meetings der Führungsebenen wären auf einmal alle Altersgruppen vertreten. Sogar eine Person unter 25, im schlimmsten Falle sogar noch eine junge Frau, vielleicht noch mit Migrationshintergrund. In unserem klassischen Bild von Unternehmen klingt das fast unmöglich. Genau deswegen werden die erfolgreichen Firmen von morgen solche flacheren Strukturen etablieren. Denn das Argument für Diversität ist Resilienz und Produktivität – was für eine bekloppte Führung würde das nicht wollen?

Ganz klar ist, die Babyboomer-Generation hat den Takt der Arbeitswelt vorgegeben, während die anderen zuschauen und dankbar sein durften. Klingt hart, ist aber so. Im Übrigen war das auch ein goldenes Zeitalter der Jobs, in den Babyboomer-Zeiten hatte niemand Sorgen, keinen Job zu kriegen. Die Wirtschaft boomte, und die Prinzipien dieser Zeit zwischen 1955 und 1975, bis zur ersten Konjunkturwende, sind die Prinzipien, die nun allen Generationen auferlegt werden. Wir sind gefangen in einem Zeitalter von früher, als die Digitalisierung noch nicht mal ein Thema war. Gefangen in der Arbeitswelt der Boomer und ihrer Chefgeneration. Das Motto »Wir mussten leiden, also müsst ihr es auch« ist nicht sonderlich enkelfähig, wie es so schön heißt.

Diejenigen von uns, die es gar nicht aushielten verabschiedeten sich in die Start-up-Szene, um aus den toxischen Arbeitskulturen, die wir anprangerten, zu fliehen. Das hatte zwar seine eigenen Schwierigkeiten – ganz ohne Hierarchie klappt es auch nicht –, aber zumindest konnte der Sinn der eigenen Tätigkeit leichter gefunden und verspürt werden. Denn oft brannten wir für Themen, die in der klassischen Arbeitswelt nicht wertgeschätzt oder als verrückt abgetan wurden. Vom Management bereits im Keim erstickt, obwohl die Idee an sich vielleicht nur außerhalb des überhierarchischen Horizontes lag. Welch ein Glück, dass uns die Chefs jetzt langsam zuhören. Denn viele unserer sinndurchtränkten Unternehmungen scheiterten am Ende an fehlender Struktur. Hier könnte sich zwischen alter und neuer Arbeitswelt eine Menge synergetisches Potenzial auftun. Lasst uns miteinander reden.

In beiden Generationswelten ist Gutes enthalten. Erfahrung und Entscheidungsfähigkeit sind hohe Werte in der immer schneller gewordenen Wirtschaftswelt. Das können nun mal die älteren Generationen, die mit mehr Hierarchie und Struktur in der Arbeitswelt konfrontiert waren, durchaus besser.

Kommt es aber zu den innovativen, digitalen und kreativen Prozessen, sind es doch wohl eher die jüngeren Generationen, die die Nase vorne haben. Sehr oft scheitern die Start-ups unserer Zeit, wenn sie anfangen zu wachsen und das Gefüge eines klassischen Unternehmens nicht aufbauen können. Etwas Struktur, zum Beispiel in Kompetenzzentren, ist für ein gesundes Wachstum unbedingt nötig. Auf der anderen Seite sind die festen, alten, eingefahrenen Arbeitskulturen davon bedroht, zu erstarren. Oft kaufen diese Unternehmen Start-ups, um sich deren innovativen Charakter einzuverleiben. Was dann geschieht, kennen wir nur zu gut – nach ein paar Jährchen sind sie von der alten Arbeitswelt geschluckt worden, verlieren ihren Innovationsvorsprung und verschwinden. Zu viele junge, coole Start-ups haben diesen Tod erleiden müssen. Junge Talente reüssieren nicht, wenn man nur auf Autorität und Regeln setzt, doch ohne frisches Blut gibt es auch kein nachhaltiges Wirtschaften. Deswegen ist es kontraproduktiv, Start-ups einzukaufen und sie de facto zu ermorden. Um den Generationskonflikt und die Zuspitzung in diese zwei Lager – Start-up-Chaos und starre Altherren-Unternehmenswelt – nicht eskalieren zu lassen, gibt es nun zwei Möglichkeiten.

Wie wäre es mit einem neuen Berufsfeld? Der oder die sogenannte Generationsübersetzer:in. Jemand, der sich aktiv dafür einsetzt, die Vorstellungen und Konflikte zwischen den Arbeitswelten und Realitäten zu moderieren, ja zu heilen. Eine Form von Mediator, der den Gesprächsfaden der Generationen wieder aufnimmt. Jeder Mensch kennt ältere Charaktere, die unglaublich gut mit den jüngeren Generationen kommunizieren können, ohne peinlich zu werden – Jugendsprache und Basecaps sind hier verboten, das wäre cringe. Dieser Job wäre vermutlich in der Personalabteilung angesiedelt und müsste im Moment die zentrale Anlaufstelle für Konflikte über Homeoffice, flexibles Arbeiten und Sinnhaftigkeit sein. Spannenderweise sagen mehr als die Hälfte aller Millennials, dass es anzustreben sei, länger als 20 Jahre beim selben Unternehmen zu bleiben – nur zu schaffen ist das kaum. Denn die Arbeitskultur ist einfach nicht mit den Wünschen der Generation vereinbar. Workplace Culture, also die Kultur am Arbeitsplatz, ist ein zentraler Faktor, um Menschen zu binden, sodass sie sich auch aufgefangen fühlen. Hier geht es nicht nur um gegenseitigen Respekt und Wertschätzung, sondern auch um ein systematisches Abflachen von Hierachien. Soll nicht heißen, dass es sofort in Anarchie ausufern muss, sondern dass die Formel »weil ich dein Chef bin und das sage« nicht mehr als legitime Führungsform funktioniert. Daraus bildet sich ein neuer Teamspirit und somit auch Sinnstiftung, wenn jeder und jede wissen, seine und ihre Funktion ist wichtig und geschätzt. Das muss generationsübergreifend funktionieren, weswegen der/die Generationsübersetzer:in ein guter Start für den dringend nötigen Heilungsprozess ist.

Wenn das nicht funktioniert, ist es Zeit für etwas mehr Radikalität: die Altersquote. Ich sehe es vor mir, wie die Manager:innen jetzt zusammenzucken. Man stelle sich vor, in jedem Team muss eine gewisse Altersdiversität vorhanden sein. Ich weiß, es schmerzt – gerade erst den Schock der Frauenquoten in der Führungsriege verkraftet, kommt schon der nächste Schlag der Diversitätsdiktatur um die Ecke. Aber so mancher Wandel muss eben von innen kommen. Im Übrigen hat es den großen Vorteil, dass man nicht mehr Unsummen an Geld ausgeben muss, um die junge Zielgruppe zu verstehen – denn die Experten sitzen mit am Tisch. Es gibt Unternehmen, wo kein:e

Manager:in oder Berater:in der Welt mehr die Firmenkultur retten kann. Es mag anfangs schmerzhaft sein, aber anders wird es oft nicht gehen. Zu viele der mittleren Manager:innen werden ihre Unternehmenskulturen als Geiseln halten, weil sie Angst vor dem Verlust der Arbeitswelt haben, die sie kannten. Vom »Auf-die-Finger-Gucker« zum Coach, zum Sinnstifter. Das mag zwar pathetisch klingen, ist zu einem gewissen Grad aber so. Die alte Arbeitswelt und die neue Arbeitswelt haben ihre Vor- und Nachteile. Lassen wir die Generationen, die diese geprägt haben und prägen werden, zusammenarbeiten, statt uns zu zerstreiten, uns faul oder spießig zu nennen. Vielleicht reicht ja der/die Generationsvermittler:in, notfalls kommt der Quotenhammer.

Homeoffice & Mobiles Arbeiten – Erklärung und Verklärung

Das Homeoffice ist endlich hier, und es ist gekommen, um zu bleiben. Wie lange wir doch schon wussten, welche Vorteile es uns bringen könnte, mussten wir zusehen, wie die Welt der Chefs es einfach nicht zulassen konnte. Vertrauen ist angeblich gut, aber Kontrolle dann doch besser. Progressive Unternehmen »erlaubten« ihren Mitarbeiter:innen früher zwei Tage Homeoffice im Monat, obwohl diese in ihrer Wahrnehmung doch eher hergeschenkte Arbeitstage waren – aber man musste halt, um die jungen Talente anzuziehen. Jetzt, wo das Thema eigentlich durch sein sollte, beginnen die üblichen Probleme, wenn sich eine neue Kulturtechnik etabliert. Sie wird einerseits als die Lösung aller Probleme in der Arbeitswelt angesehen, andererseits gilt dies als unglaublich schwierig umzusetzen.

Nichts von beidem stimmt, Erlösungsfantasien sollte man eher im Privaten ausleben, dafür gibt es Religionen, Gurus, Kulte und vieles mehr. Das Homeoffice bewegt sich in der kalten, pragmatischen Welt des Business und muss auch als solches interpretiert und integriert werden. Bitte, an all diejenigen, die es wirklich ernst meinen, vermeiden Sie das Verwenden des tollen neuen Trendbegriffs Hoffice. Dadurch wirken sie nicht »hipper«, er bewegt sich eher im Bereich des cringe, wie es die Jugend zu sagen pflegt.

Gut, dass wir das geklärt haben. Nun zu einer oft übersehenen Differenzierung: das mobile Arbeiten. Oft mit dem Homeoffice gleichgesetzt, ist es grundsätzlich nichts anderes, als seine berufliche Tätigkeit an jedem Ort ausüben zu können. Seien es Meetings, das Erstellen von Excel-Tabellen oder Texten, es gibt Sachen, die kann man auch einfach im Zug, im Café oder Hotelzimmer machen. Nicht unbedingt in der Deutschen Bahn, dort macht das Internet oft nicht mit, aber dann kann man diese Zeit zumindest als Digital Detox ansehen. Es ist wie immer vom Beruf abhängig, welcher Prozentsatz des eigenen Tätigkeitsfelds im Flieger, Hotel oder sonst wo »on the road« erledigt werden kann. Wenn wir an unser gutes altes Großraumbüro denken, sind es all jene Tätigkeiten, die man am liebsten in den Rückzugsorten gemacht hätte, ohne viel Ablenkung. Die Flucht vor dem Büroclown spart man sich eben, wenn man mobil ist. Das Homeoffice setzt hier noch einen drauf, hier bauen wir uns (hoffentlich) einen eigenen Raum, um den Clown erst gar nicht abwehren zu müssen. Beim mobilen Arbeiten können allerdings auch Probleme entstehen, denn im Café kann es laut sein, oder im Zug können die Nachbarn mit lautem Gelaber nerven. Da gelingt einiges in der eigenen Arbeitshöhle durchaus besser. Es ist wohl allen bewusst, dass nicht alles auf Zoom, Teams & Co. möglich ist. Digitale Meetings, die länger als 30 Minuten dauern, regen schon zum Alkoholkonsum an, mehr als 60 Minuten sollten strafbar sein. Lange, kreative Meetings in digitalen Zusammentreffen, mobil oder im Homeoffice zu machen ist Blödsinn. Für solche Zusammenkünfte ist die physische Begegnung nicht nur wichtig, sie ist eine Grundvoraussetzung für wahre Kreativität und somit auch Erfolg. Natürlich gibt es eingespielte Teams, die diese Meetings auch digital meistern können, aber man vergeudet eine Menge zwischenmenschliches synergetisches Potenzial. Nicht umsonst ist der Großteil unserer Kommunikation nicht allein auditiv, sondern läuft im Unterbewusstsein, in kleinen Mikrokommunikationen ab – so hat uns die Evolution geprägt. Deswegen wäre es bei Zusammenkünften sinnvoll, die ganze Breite der zwischenmenschlichen Kommunikationspalette zu nutzen statt nur einen kleinen Teil. Im Übrigen schmeckt das Bier nach einem langen Tag der zusammengesteckten, schmorenden Hirne wesentlich besser, wenn man jemandem analog zuprosten kann. Die Formel lautet also: Konzentration und Introspektion beim mobilen Arbeiten und im Homeoffice, digitale Meetings tendenziell von zu Hause aus, längere persönliche Begegnung im sozialen, analogen Arbeiten. Digitale Meetings sind fantastisch und sehr effizient, um Kontakt zu erhalten, kurze Details abzustimmen, aber auch nicht mehr. Für tiefe menschliche Erfahrungen sind sie nicht auserkoren. Ausnahmen bestätigen die Regel – es kann gut sein, dass rein digitale Unternehmen ihre gesamte Arbeit über Teams erledigen können, die Mehrzahl ist das allerdings noch lange nicht, und sollte es auch nicht sein. Jede dieser drei Arbeitsformen hat ihre Stärken, auf diese gilt es zu setzen, statt mit irgendwelchen »one size fits all«-Fantasien drüberzuradieren. Differenzierung ist der Schlüssel für erfolgreiche Arbeit.

Da wir ja größtenteils innerhalb von wenigen Tagen ins Homeoffice gezwungen wurden (dank Corona), war der Übergang relativ hart. Nichts mit Vorbereitung, firmenkulturellen Meetings und so weiter. Es ging sofort ins kalte Wasser. Natürlich waren einige Unternehmen schon besser eingestellt, hatten vielleicht bereits Übung, nichtsdestotrotz war es für das Gesamtsystem Businesswelt eine gigantische abrupte Veränderung. Durch dieses Unvorbereitetsein gingen natürlich einige Vorteile flöten, zusätzlich waren viele Schulen geschlossen, manche hatten nicht mal funktionsfähige Rechner zu Hause. Trotz dieser Startschwierigkeiten zeigten sich die Vorteile sehr schnell, zur großen Überraschung der Manager:innen, die große Panik bekamen. So gab es zum Beispiel als Negativbeispiel eine App, die alle fünf Minuten die Kamera des Mitarbeiters aktivieren sollte, um zu prüfen, ob die Person auch brav vorm Rechner sitzt. Das ist Themenverfehlung par excellence, fast schon peinlich, was für Kontrollverlustängste so manche Chefs hatten. Zum Glück setzte sich diese regressive Übertragung der alten Arbeitswelt nicht im Homeoffice durch, es zeigt aber, wie sich die alte Arbeitswelt noch zu wehren versuchte.

Der Hauptvorteil, der klar ersichtlich wurde, ist der Zeitgewinn durch Einsparung des Arbeitswegs. Pendeln macht depressiv, insofern ist hier viel wahrlich nicht nur verschwendete, sondern negative Zeit gewonnen worden. Jeden Tag im gleichen Stau zu stehen als integraler Bestandteil des Arbeitsmodells ist schon fast erbärmlich. So gibt es wunderbare Studien, die zwischen durchschnittlichem Pendelweg und Depression sehr hohe Korrelationen aufweisen. Eine weitere Errungenschaft, auch wenn es sich nicht immer so anfühlte, war eine bessere Vereinbarkeit von Beruf und Familie. Das bestätigten 68 Prozent der deutschen Befragten, die regelmäßig im Homeoffice arbeiteten, und das, während oft die Schulen geschlossen waren. Diese Erhebung stammt aus dem Jahre 2020, schön mitten in den Corona-Lockdowns. Da waren wir noch relativ unerprobt, und trotzdem waren solche Effekte schon zu verzeichnen. Es ist schon schön, wenn, ganz im Klischee gesprochen, Papa nicht erst um 19 Uhr genervt vom Büro zurückkommt. Flexibilität in den Arbeitszeiten ist natürlich ein zentrales Element, denn viele können ihre Arbeit auch in vier statt acht Stunden erledigen und dann vielleicht sogar ein wenig entspannen – so ungern die alten Manager:innen das auch hören. Es sollte doch nicht so sein, dass diejenigen, die effizient arbeiten, entweder mit Langeweile oder mehr Arbeit bestraft werden. Aber dazu später mehr.

Dass das Homeoffice nicht die Lösung aller Probleme in der Arbeitswelt ist, sondern ein wichtiger Teil des Arbeitsmixes von morgen, zeigt sich darin, dass »nur« 56 Prozent der Deutschen angaben, zu Hause produktiver zu sein als im Büro. Natürlich waren Unternehmenskulturen sowie digitale Infrastrukturen anfangs noch nicht ideal, die Zufriedenheit und Effizienz des Homeoffice wird sich noch erhöhen, je mehr wir uns eingrooven. Nur wird sich immer zeigen, dass für manche Tätigkeiten das Büro als Ort der Begegnung einfach besser geeignet ist. Im Übrigen wussten wir das bereits vor dem erzwungenen Homeoffice der Pandemie, nur hörte keiner zu. Schön, dass jetzt die Wahrheit endlich klar sichtbar geworden ist, wenn auch unter widrigen Umständen.

Dass knapp die Hälfte der Befragten angab, sie hätten zu Hause ein angenehmeres Arbeitsumfeld als im Büro, sollte zu ein wenig Besorgnis führen. Vielleicht brauchten manche nur eine Pause und nicht gleich eine Kündigung. Es ist allerdings schon erschreckend zu sehen, dass der Hauptgrund, weswegen ein Unternehmen verlassen wird, nicht das Gehalt ist – wie so oft vermutet –, sondern toxische Arbeitskulturen. Denen kann man zu Hause mit einem Knopfdruck – dem Mute-Knopf sei Dank – ein Ende bereiten. Gleichzeitig ist es aber auch viel schwieriger, in einem Zoom-Meeting ein überhebliches Arschloch zu sein.

Die Vorteile des Homeoffice sind unbestritten, zumindest wenn es um die Zufriedenheit und Produktivität der Mitarbeiter:innen geht, auch wenn das Management ein bisschen leiden muss. Das Mitleid darf sich jedoch in Grenzen halten. Es lohnt sich aber auch zu untersuchen, warum manche Menschen nicht im Homeoffice sein können oder sogar wollen. Grundsätzlich kann man sich somit auch der oft gestellten Frage »Soll das Pflegepersonal jetzt ins Homeoffice, oder was?« entgegenstellen, die viele als vermeintliches Knock-out-Argument in petto haben. Mindestens zwei Drittel derjenigen, die diese angeblich neue Arbeitsform nicht verwenden können, befinden sich in Berufen, die das per se nicht ermöglichen. Von Kassierer:innen, Lieferant:innen bis zu den Extremsportler:innen, manche Sachen müssen einfach persönlich, draußen, mit Kontakt zu anderen Menschen gemacht werden. Das ist kein Argument gegen das Homeoffice, sondern eine realistische Darstellung der Pluralität verschiedener Berufe innerhalb unserer Gesellschaft. Ein Drittel derjenigen, die sich nicht gerne im Homeoffice befinden, geben an, ihnen sei der persönliche Kontakt zu ihren

Kolleg:innen einfach wichtig. Fantastisch, es gibt eben soziale Schmetterlinge, die dauernd Menschen um sich haben wollen. Nur 17 Prozent gaben an, dass ihr oder ihre Arbeitgeber:in das Arbeiten im Homeoffice prinzipiell einfach nicht erlaubt. Mit Blick auf den Arbeitnehmermarkt, in dem wir uns befinden, wird sich dieser Prozentsatz sicherlich noch reduzieren – zwangsläufig. Viel Glück bei dem Versuch, junge Talente anzuziehen, wenn auf der Firma groß »Wir verbieten flexibles, individuelles Arbeiten« steht. Hier regelt der Markt sich brav selbst, keine Sorge. Im einstelligen Prozentbereich befürchteten Leute, das Homeoffice sei schlecht für ihre Karriere. Genau hier zeigt sich, wo die Zukunft liegt – es ist gelaufen. Das Arbeiten zu Hause, in eigener Verantwortung is here to stay, und alle wissen wir es. Wenn Leistung endlich nicht mehr an das Absitzen von Zeit im Büroknast gebunden ist, haben wir schon einiges gewonnen.

Das Grundproblem in der Wahrnehmung des Homeoffice ist, dass es gegenüber der »normalen« Arbeit als Freizeit wahrgenommen wird, vor allem von denjenigen, die mit der Einstellung »Vertrauen ist gut, Kontrolle ist besser« versuchen, ihre Teams zu führen. Es stimmt schon, ohne die technische und physische Infrastruktur ist es durchaus schwierig, im Homeoffice produktiv zu sein. Das Bett oder die Couch ist sicherlich nicht der richtige Ort, ein bisschen Bürosimulation muss schon her. Natürlich ist auch das von Mensch zu Mensch unterschiedlich, jedoch gibt es ein paar Grundregeln, um das Homeoffice produktiv zu halten. Alles andere kann man ja beim mobilen Arbeiten im Café, im Zug oder sonst wo machen. Fünf Regeln für das Homeoffice, sodass die Manager:innen ein wenig ruhiger schlafen können:

Das Setting

Ganz pragmatisch betrachtet, braucht es einen eigenen Tisch fürs Homeoffice, wenn nicht sogar einen abgegrenzten Raum. So weit, so gut. Nicht weil wir unfähig sind, sonst konzentriert zu arbeiten, sondern weil uns dies zusteht. Schlaue Firmen mit etwas Weitsicht wissen, dass sich die Büroflächen, die sie mieten müssen, sowieso reduzieren, und werden ihren Mitarbeiter:innen einen Mietkostenzuschuss geben, sodass diese sich möglichst schnell eine Homeoffice-gerechte Wohnung besorgen können. Das ist wahrlich gut investiertes Geld, besser als noch fünf Rückzugskojen im Großraumbüro einzurichten, die dann sowieso keiner nutzt – weil es zu Hause doch feiner ist. Im Übrigen würde das die Kündigungsquoten sicherlich reduzieren, denn mein Arbeitgeber zahlt ja einen Teil meiner Miete. Natürlich ist auch ein adäquates technisches Setup wichtig, ein guter Laptop zum Beispiel. Aber so weit sind die meisten Unternehmen bereits, dass der oder die IT-Mitarbeiter:in zu Hause vielleicht nicht auf dem Äquivalent eines Toasters arbeiten sollte. Ein finaler Tipp: Verstellbare Tische sind fantastisch. Wäre doch schade, die Bürokrankheiten der zerstörten Wirbelsäulen im Homeoffice ebenso zu emulieren. So weit mal die materiellen Grundvoraussetzungen.

Ablenkungen sind geil

Im Büro absolut verpönt ist es natürlich, sich ablenken zu lassen, sich mit anderen Dingen zu beschäftigen, statt zu arbeiten. Leider wissen wir aus unendlichen Studien, dass wir, wenn wir ständig auf den Bildschirm starren, kaum mehr als 50 Minuten am Stück wahrlich produktiv sein können. Was im Office heimlich auf dem Klo oder in einem anderen Browsertab, der stets bereit zum Verschwinden ist, betrieben werden muss – irgendein doofes Videospiel auf dem Handy zu spielen, Katzenvideos zu schauen usw. –, sollte man zu Hause ohne schlechtes Gewissen genießen. Bevor man sich sofort deswegen der Selbstgeißelung zuwendet, ist festzuhalten, dass diese Ablenkungen die Produktivität fördern, auch wenn der oder die Chef:in einem ewig eingeredet hat, dass sich so etwas nicht gehöre. Natürlich erfordert Flexibilität auch einen gewissen Grad an Selbstdisziplin, aber das ist sowieso eine Grundvoraussetzung für das individuelle flexible Arbeiten. Wenn wir genug Sinn in unserer Tätigkeit verspüren, sollte das gar kein Problem sein. Und auch wenn wir es nicht glauben können, die Chefs lenken sich übrigens genauso ab – nur geben sie es ungerne zu und müssen es vor niemandem verstecken. In der Regel sind es doch immer die Moralprediger, die selbst heimlich am meisten sündigen.

Kleider machen Leute

Es schmerzt, es zugeben zu müssen. Aber im Schlabberpulli arbeitet es sich leider nicht ganz so gut wie im Hemd. Obwohl mir bewusst ist, wie konservativ das klingen mag, wie sehr es nach alter Arbeitswelt riecht, dem ist leider so. Es ist überzogen und übertrieben, sich mit dem Dreiteiler vor den Rechner zu setzen und untenrum nur Boxershorts zu tragen. Das macht zwar ein tolles virales Video, ist aber nicht wirklich arbeitstauglich. Natürlich variiert es von Mensch zu Mensch, aber sich direkt mit dem Pyjama vor den Rechner zu schwingen, kann schon auch gefährlich sein. Insofern der feine Kompromiss: oben etwas Arbeitsadäquates, ab der Gürtellinie was auch immer man möchte – von Jogginghose über Shorts bis Unterhose. Das zeichnet das fantastische hybride Dasein des Homeoffice aus, und man tut dem oder der gestressten Manager:in einen

Gefallen, sollte man mit ihm oder ihr kurz zoomen müssen, oder einen spontanen digitalen Kund:innentermin reingeschoben bekommen. In Zukunft geht es sicherlich auch im Tanktop, bis dahin machen wir den Altvorderen den Übergang doch etwas einfacher, indem wir adrett im Hemd vorm Rechner sitzen.

Menschliche Ablenkungen sind unerwünscht

So schön es sein kann, sich mit dem oder der Nachbar:in über die Hecke zu unterhalten, mit seinen Kindern über die Vorzüge von Fröschen zu sprechen, oder von der Oma Kuchen gebracht zu bekommen und ein wenig mit ihr zu quatschen, all diese schönen Angelegenheiten sollten möglichst vermieden werden. Gewisse Grenzen sollten gezogen werden, sodass klar ist, zwischen 9 und 12 und 13 und 16 Uhr ist keine menschliche Ablenkung gestattet. Wozu sind wir sonst vor dem Büroclown geflüchtet, nur um dasselbe zu Hause zu simulieren? Klar, diese Regel ist nicht totalitär gültig, aber den Großteil der Ablenkung sollten wir uns selbst in Form von eigener Entspannung gönnen. Für den sozialen Zufall gehen wir schließlich ins Büro, das Gespräch beim Kaffeemachen oder beim Kampf um die letzte Klopapierrolle geschieht die Magie der zufälligen Begegnungen. Im Homeoffice sollten auch die sozialen Batterien aufgeladen werden, sodass wir dann im Büro unseren Kollegen mit voller sozialer Lust entgegentreten können.

Finde deinen Sinn

Wir alle möchten gerne etwas tun, das uns Sinn im Leben gibt. Leider ist die Arbeitswelt bis dato nicht immer dazu fähig gewesen, uns diesen zu vermitteln oder überhaupt zu bieten. Die Flexibilität und Individualität, die das selbst eingeteilte Arbeiten zu Hause liefert, macht nur richtig Spaß, wenn wir den

Sinn hinter unserer Tätigkeit sehen. Soll nicht heißen, dass es nicht auch Excel-Tabellen gibt, die man am liebsten erwürgen würde, oder Meetings, bei denen man geistig schon wieder im Bett oder gleich an der Decke ist. Durch all das muss man durch, Sinn heißt nicht dauerndes Glück, sondern ein erfüllendes Ziel vor Augen. Es ist dabei zu beachten, dass wir uns auch eingestehen müssen, wenn wir diesen nicht mehr sehen – denn dann besteht die Gefahr, dass das Homeoffice nur zum unproduktiven Leiden wird. Die positive Feedback-Schleife beginnt erst, wenn wir spüren, wie geil effizient und motiviert wir auch von zu Hause aus unsere Tätigkeiten genießen können und dadurch richtig Lust auf den nächsten Tag zu Hause bekommen oder eben auf ein kreatives, soziales Meeting im Büro. Vielfalt ist bekanntlich die Würze des Lebens.

Im Grunde zeigt sich, das Homeoffice benötigt ebenso Disziplin, wenn nicht sogar mehr als die gute alte Arbeitswelt. Aber es bietet auch wahnsinniges Potenzial für Lebensglück. Bekanntlich sind beschissen gelaunte Mitarbeiter nicht produktiver, und Produktivität wollen wir doch wohl alle. Die richtige Tätigkeit am richtigen Ort für den richtigen Menschen, das ist zwar eine große Aufgabe, aber eine, die sich lohnt. Abschließend sollte man sich noch anschauen, ob die eigene Branche einen Nutzen aus dieser neuen Arbeitsform zieht. Wie bereits erwähnt, sie ist nicht für alle Berufe gemacht und auch nicht für alle Menschen – beides ist eben höchst individuell. Aber vor allem die neu entstehenden Jobs, also dort, wo die Zukunft liegt, können davon maßgeblich profitieren. So können zum Beispiel die Mitarbeiter:innen von Banken und Versicherungen größtenteils zu Hause bleiben. Ironischerweise sind es vermutlich diese Branchen, die am ehesten ihre Mitarbeiter:innen zurück in die Büroräume zwingen wollen. Dort braucht die Firmenkultur vermutlich noch etwas länger, sich von Kontrollsüchten und Hierarchiezwängen zu befreien. Vielleicht haben sie auch ein bisschen zu viel Arbeitsfläche gebaut oder gemietet, die jetzt ungenutzt rumsteht – so wäre es in der Natur der Banken. Klar, in der Filiale oder beim Versicherungsverkauf schadet es sicherlich nicht, persönlich bei den Kund:innen zu sein, aber das ist eben nur ein Bruchteil dieser Tätigkeiten. Dass die Menschen der IT und Informationsdienstleistungen am liebsten nicht im Büro unter Menschen sind, ist vermutlich ein Klischee – oder eben auch nicht. Oft als Nerds abgestempelt zu sein ist die eine Sache, bei jedem kleinen Problemchen mit den Worten »du kennst dich doch mit Computern aus, oder?« genervt zu werden, um dann eine Lösung zu bieten, die sich in einer einminütigen Internetsuche hätte erledigen lassen, ist die andere Seite der Medaille. Also, es sei dahingestellt, ob die Menschen der IT-Branche aufgrund ihrer Persönlichkeit zu Hause bleiben wollen oder ob eben ihre Tätigkeit sich dort sehr gut erledigen lässt … Die Administration, die Verwaltungsinstitutionen des öffentlichen Bereichs wären für das Homeoffice auch fantastisch geeignet, obwohl es vermutlich dort kulturell noch länger dauern wird, flexible Modelle zu implementieren. Gehen wir mal optimistisch davon aus, dass immer mehr bürokratische Prozesse digital vonstattengehen – erinnern wir uns, dass Papiermangel derzeit ein ernsthaftes Problem ist –, dann können ebenso die Mitarbeiter:innen dieser Institutionen raus aus ihren meist doch sehr deprimierenden Büroräumlichkeiten. Grundsätzlich alles, was im Bereich der Verwaltung, Bürokratie abläuft, ist für das Homeoffice geschaffen, vor allem in der immer digitaler werdenden Zukunft. Für fast jeden Beruf ist ein bisschen was dabei, und ganz ohne nervige Bürokratie geht es halt auch nicht.

Um nicht der Gefahr der Übersimplifizierung zu erliegen, sollte man sich aber auch vor Augen führen, welchen Tätigkeiten nicht in den eigenen vier Wänden nachgegangen werden kann. Eingedenk der Covid-Krise kommt einem natürlich wieder die Pflege in den Sinn, hatten wir als Gesellschaft diesem Berufsstand doch einiges an Verbesserungen versprochen. Wenn wir uns den demographischen Wandel vor Augen führen, wird das ein gewaltiges Thema. Was soll eine Pflegekraft im Homeoffice machen? Eventuell einmal im Monat ein paar Patient:innendaten zusammentragen und aussortieren, mehr aber auch nicht. Dafür lohnt sich die Infrastruktur vermutlich nicht. Dasselbe trifft auf das Sozialwesen zu, ein Beruf, bei dem der Kontakt und die Empathie von Mensch zu Mensch im Mittelpunkt steht, lässt sich nicht am Bildschirm abwickeln. Im Bereich der Ärzt:innen geht vermutlich ein wenig mehr – digitale Beratung oder Telemedizin nehmen zu –, aber für einen beträchtlichen Teil sind die Profis vor Ort unabdingbar. Ein paar Stunden von zu Hause aus die Krankenakten nachtragen, wenn auch nur zweimal im Monat für einen halben Tag, ist dennoch denkbar. Doch viele niedergelassene Mediziner:innen haben ihre Praxen sowieso neben ihren schönen Wohnungen und Häusern, haben also einen Startvorteil. Ebenso ist das Baugewerbe wahrlich nicht fürs Homeoffice gemacht. Bis Roboter unsere Häuser bauen oder der 3D-Hausdruck endlich den Durchbruch schafft, wird es ein analoges Business bleiben. Obwohl viel der Vorbereitung und Planung von zu Hause aus möglich ist. Es ist klar, jeder Beruf hat Teilbereiche, in denen das Homeoffice Vorteile bietet. Bei manchen mehr, bei manchen weniger. Mit dieser Differenzierung können wir getrost sehen, es ist ein Teil der Arbeitswelt von morgen, sogar ein unabdingbarer, aber er muss am richtigen Ort zur richtigen Zeit eingesetzt werden. Auf die Frage, wie die letzteren Berufe von der neuen Arbeitswelt profitieren können, sollte man eines sicherlich noch hinzufügen: Wir produzieren dermaßen viel Wohlstand, mit Automatisierung und Homeoffice noch umso mehr, da könnten wir, ganz dreist, den Berufen, in denen es nicht möglich ist, zumindest bessere Gehälter und geringere Arbeitszeiten zugestehen. Es sind die Knochenjobs, die »systemrelevanten« Berufe, denen wir einst mehr Anerkennung und bessere Bedingungen versprachen und es nie wirklich konsequent einlösten.

Von Work-Life-Balance zu Work-Life-Blending

Work-Life-Balance ist tot. Schade drum. Es war doch so ein schönes Konzept – vermeintlich. Denn was dieser Begriff impliziert, ist eigentlich ein Relikt aus einer alten Arbeitswelt. Denn irgendwie meint er doch, dass wir während der Arbeitszeit nicht leben. Man soll etwas Schlechtes mit etwas Gutem gegenkompensieren, ausbalancieren – das kann doch nicht das Ende der Fahnenstange sein. Entstanden ist er, überraschenderweise, als die Generation der Babyboomer in den 70er und 80er Jahren merkte, dass sie sich wahrlich zu Tode arbeitete. Sie hatten zwar Unmengen an Wohlstand geschaffen – nach dem Zweiten Weltkrieg konnte es auch fast nur bergauf gehen –, nur hatten sie sich ordentlich kaputtgeschuftet. Das Arbeitsmodell – zwei Stunden pendeln, acht Stunden arbeiten und gerade so zum Abendessen nach Hause kommen – war ihr Aufstieg, schmerzhaft, aber durchaus profitabel. Wenn nur der Mann arbeitete, war ein Einfamilienhaus, Auto und ein Urlaub im Jahr schon drin. Dennoch, es war ein großes Opfer, das gebracht werden musste – Freizeit war ein rares Gut. Deswegen musste eine Balance zwischen dem Privatleben und der Arbeit gefunden werden, obwohl sich diese Generation fast ausschließlich durch ihre berufliche Tüchtigkeit definierte. Also ein leichtes Eingeständnis, dass wir nicht leben, um zu arbeiten, sondern vielleicht doch arbeiten, um zu leben. Wie dem auch sei, wir Jüngeren haben diesen Begriff nun übernommen, beziehungsweise er wurde uns aufgezwungen, denn was die Boomer erst nach 20 Jahren Arbeit bemerkten, konnten wir schon früher erahnen – danke für den Startvorteil. Work-Life-Balance impliziert in seiner Essenz, dass wir während der Arbeitszeit nicht leben, weswegen sie eben mit der »Freizeit« ausbalanciert werden muss. Impliziert das nicht, dass man während der Arbeit in einer Art Gefängnis steckt? Wie makaber. Für die Zeit damals vielleicht treffend, allerdings verwenden wir dieses Konzept noch im Jahre 2022 – eine Schande. Bei, inklusive Pendeln, zehn Stunden Arbeit (wenn es gut ging) und ein paar Stunden Schlaf gab es damals kaum etwas auszubalancieren. Aushebeln lässt sich diese Dynamik zwischen Freiheit, Freizeit und Arbeit nur, wenn sich der Beruf nicht dichotom zum Leben verhält. Wenn wir einen tieferen Sinn und somit auch eine Befriedigung aus der tagtäglichen Tätigkeit ziehen, muss nichts ausgeglichen werden, dann dürfen Leben und Arbeit auch gerne miteinander verschwimmen. Es fällt uns unglaublich schwer, diese alte Trennung zu überwinden. Für die längste Zeit der Moderne stimmte es auch, die Arbeit war langweilig, repetitiv und anstrengend. Beim Berufseinstieg wurde einem die Pension und das Ende dieses Martyriums bereits als Erlösung versprochen. So geht es nicht mehr weiter. Zu weit verbreitet ist der Wunsch nach beruflicher Selbstverwirklichung, zu greifbar das Erfüllen der eigenen Passion in der Erwerbstätigkeit. Das Konzept, acht Stunden am Tag zu leiden, um dann noch im Idealfall ein bisschen Privatleben genießen zu dürfen, wird nicht mehr als lohnens- oder gar erstrebenswert angesehen. Wenn wir einen wahren Sinn in unserer Tätigkeit verspüren, sei er sozial, ökologisch oder individuell getrieben, ist Arbeit mehr als klassische Beschäftigungstherapie und der Zwang, Geld zu verdienen. Ein großer Dank gebührt an dieser Stelle sicherlich der Generation der Babyboomer, die die alte Arbeitswelt durchleiden mussten, aber dadurch unglaublich viel Wohlstand geschaffen haben. Es ist schon erschreckend, dass 85 Prozent aller Firmen, die Work-Life-Balance-Programme anbieten, erhöhte Produktivität als Resultat bekamen. Hier dreht es sich um ganz banale Sachen wie ein wenig »erlaubtes« Homeoffice, bezahlte Überstunden, flexible Urlaubszeiten usw. – alles Sachen, die eigentlich schon längst zu einer modernen Firma dazugehören, aber oft vergessen werden. Selbstbestimmtere, entspanntere Mitarbeiter:innen sind produktiver und im Übrigen auch glücklicher. Wer würde so was nicht wollen? Aber das Kapitel Work-Life-Balance ist trotzdem vorbei. Schade drum, aber alles hat seine Zeit.

Also was tun, wenn Work-Life-Balance nicht mehr zeitgemäß ist? Der Trendforscher findet natürlich einen neuen, passenderen Begriff. Und dieser lautet Work-Life-Blending, die organische Verschmelzung von Leben und Arbeit. Den Reflex, diese Vermischung als unethisch, wenn nicht sogar amoralisch abzustempeln, bitte ich kurz zu unterdrücken. Es bieten sich hier eine Menge an Synergien zwischen dem modernen Leben und dem modernen Arbeiten, auch wenn es auf uns zunächst paradox wirken mag. Begeben wir uns also in die Welt des Work-Life-Blendings, ohne Vorurteile oder Naivitätsvorwurf. Dass unsere Rahmenbedingungen, Arbeitsrechtsverordnungen und geistige Einstellung dafür noch nicht bereit sind, steht außer Frage. Sehen wir es notfalls als ein Gedankenexperiment für eine Zukunft, auf die wir uns sogar freuen könnten und dürfen. Legen wir unsere Tendenz, die Gegenwart aufzublähen und die Vergangenheit zu verherrlichen, zur Seite und sehen, was die Zukunft bringen könnte. Im dystopischen Denken haben wir bereits genug Übung.

Miriam ist 35, hat zwei kleine Kinder und steht mitten im Berufsleben. Sie arbeitet in einer Agentur, die alles Mögliche an digitalem Marketingzeugs macht, hat also flexible Arbeitszeiten, es wird von ihr sogar verlangt, dass sie in Eigenverantwortung ihre Aufgaben im Homeoffice abarbeitet. Das trifft sich wunderbar, denn mit ihrem Mann zusammen kriegt sie so den Haushalt und die Kinderbetreuung sehr gut geregelt, weil sie beide »nur« 24 Stunden die Woche aktiv arbeiten. Auch das ist nur ein Schätzwert, in Arbeitsstunden misst schon lange keine funktionsfähige Firma mehr ihre Produktivität – es geht um Output, Kundenzufriedenheit und ja, auch das Lebensglück der Mitarbeiter:innen – als Individuum sowie als Familie. Nun ist es Donnerstagnachmittag, und die Tochter muss zum Reitunterricht. Das sind rund 40 Minuten Autofahrt (im Elektroauto), und die kleine Jana hat noch keinen Führerschein. Also wird das Kind, der Laptop und ein gutes Headset ins Auto gepackt, auf dem Hinweg wird ein kurzes Abstimmungstelefonat gemacht, dann mit der Tochter über ihren Tag gequatscht, schon sind sie vor Ort. Nun dauert die Reitstunde mit allem Drum und Dran 90 Minuten. Es ist 17 Uhr. Miriam setzt sich also in ein Café um die Ecke, oder direkt ins Auto, und arbeitet noch ein paar Mails ab, schaut ein paar Excel-Tabellen durch, schreibt ein paar Angebote. Zack, sind die 90 Minuten um, es geht nach Hause zum Abendessen.

Zählen die 90 Minuten Arbeit in der »Kinderzeit« nun für das Arbeitszeitkonto? War das eine Überstunde? Wohl eher nicht – das war Work-Life-Blending. Der Alltag bietet immer mal Lücken, in denen Sachen zu erledigen sind. Dass das nach »Dienstschluss« passiert, ist nicht mehr von Bedeutung. Gefangen in unseren jetzigen politischen und arbeitsrechtlichen Rahmenbedingungen sowie unserer grundsätzlichen Einstellung zur Arbeit, würden wir vermutlich denken, wie entsetzlich, die arme Miriam muss sogar in ihrer »Freizeit« arbeiten. Vermutlich sollte man schnellstmöglich die Gewerkschaft informieren, so abnormal und inhuman, wie das ist. Wenn wir unsere Protagonistin fragen, wird sie aber klarmachen, dass sie das keineswegs so empfindet. Sie hatte am selben Tag zwischen 12 und 14 Uhr nichts zu tun, ist also ins Fitnessstudio gegangen und hat ein paar Einkäufe erledigt. Nachdem die Kinder in die Schule gebracht waren, hat sie sich übrigens nochmal für eine halbe Stunde ins Bett gelegt – welch eine Sünde. Im Übrigen sind alle ihre Kunden sehr zufrieden mit ihrer Arbeit, denn sie ist ausgeglichener als in ihrem früheren Leben – wo sie von 9 bis 17 Uhr im Büro sitzen musste und die Tochter oft das Reittraining verpasste. Ein letzter Zusatz: All das funktioniert bei Miriam nur so gut, weil ihr Mann, ein sehr erfolgreicher IT-Spezialist, gleichermaßen Work-Life-Blending betreibt. Dass diese Figuren keine freie Erfindung sind, ist glaube ich klar. Menschen leben bereits solche Lebensstile, vor allem im skandinavischen Raum. Da können wir in Zentraleuropa noch etwas lernen. Somit erübrigt sich auch das Argument, diese Arbeitsstile seien nicht produktiv oder nicht gut fürs Bruttoinlandsprodukt. Dazu geht es den Skandinavier:innen zu gut, der Wirtschaftsmotor schnurrt vor sich hin, trotz größerem Lebensglück, auch weil ihre Umverteilungsmechanismen vielleicht etwas besser funktionieren – ein Thema für einen anderen Zeitpunkt.

Wem diese Form der Vermischung von Arbeits- und Privatleben schon pervers, faul und unnatürlich erscheint, sollte sich nun gut anschnallen. Wir kommen zur Workation, die Crème de la Crème im Work-Life-Blending. Zusammengesetzt ist der Begriff aus Work und Vacation – also Urlaub. Arbeiten im Urlaub, Urlaub während der Arbeit – völlig durchgedreht. Es sei wichtig anzumerken, dass dies kein Urlaubsersatz ist. Jeder sollte sich auch mal komplett von der Arbeit abkoppeln können, wenn er das möchte. Menschen mit einem tiefen Arbeitssinn schaffen das vermutlich kaum, finden sich immer wieder aus Versehen in einer Workation wieder, weil sie doch den Laptop mitgenommen haben. Somit muss ich das Management, das sich darüber gefreut hätte, dass die Belegschaft nun auch im Urlaub von der Arbeit nicht lassen kann, enttäuschen. Zentral hinter der Workation steht nämlich der Gedanke, dass neue Umfelder, neue Gegenden auch zu neuer Inspiration führen. Vor allem im kreativen Bereich ist das natürlich von Vorteil. Um wieder die Unterstellungen der Naivität zu vermeiden, lassen wir uns doch auf ein weiteres, bereits gelebtes, bewiesen produktives Beispiel ein.

Thomas, 28, ledig, arbeitet in einer Werbefirma, ist mit dem Konzipieren neuer frischer, spannender und aufsehenerregender Werbungen beauftragt. Er liebt seinen Job, aber nun hängt er bei einem Kunden fest. Alle Pitches verlaufen im Sand, es wird langsam eng mit der Deadline. Jede Idee gab es schon mal, wurde von der Konkurrenz genutzt oder ist uninspiriert. Er beschreibt dem Projektverantwortlichen seine Situation, dieser schickt ihn umgehend auf eine Workation. Die Kosten sind 50/50 geteilt. Das trifft sich gut, denn Thomas braucht ein bisschen Auszeit, will aber auch unbedingt dieses Werbevideo auf die Reihe kriegen, denn er brennt für seinen Beruf. Die besagte Auftragsfirma produziert Skiklamotten, insofern passt seine Liebe zu den Alpen wie die Faust aufs Auge. In seiner privaten Stammhütte angekommen, gibt es zum Glück, da wir in der Moderne leben, ein funktionsfähiges Internet. So weit, so gut. Es gibt einen mit Holz beheizten Ofen, absolute Ruhe, aber wenig Platz. Egal, muss eben der Küchentisch als Office herhalten, neue Region, andere Inspiration eben. Frühmorgens steht er auf und schwingt sich erstmal auf die Skipiste oder geht wandern. Nachmittags, denn die Sonne geht früh unter, erscheint er nicht zum Après-Ski – das ist seit Corona und Ischgl sowieso schwer verpönt –, sondern setzt sich in seine Hütte, zündet das Feuer an und erledigt erstmal ein paar E-Mails, die noch anstehen, und fängt wieder an, an neuen Ideen für sein Werbevideo zu schrauben. Nach fünf Tagen hat er die zündende Idee. Zwei Tage arbeitet er das Konzept noch aus, dann geht es wieder zurück. Heimkehren tut er mit einer guten Dosis Entspannung, neuer Inspiration und auch einer gesunden Portion Sport; eine erfolgreiche Workation. Der Kunde liebt das Konzept, es wird eingetütet, abgedreht, und dann ist es Zeit für einen normalen Urlaub, ganz ohne Arbeit. Ob er er das zu hundert Prozent schafft? Mal sehen. Auf jeden Fall muss es dieses Mal warm sein, mit Strand, das war jetzt mal genug Schnee und Berge.

Wenn Ihnen das noch nicht heftig genug ist, es gibt noch ein Level drauf. Die sogenannte Co-Workation. Jetzt sind wir für viele endgültig in die Welt der Verrückten abgetaucht. Hier gibt es Hubs, also gewisse Orte der Zusammenkunft für all diejenigen, die nicht nur Inspiration durch neue Orte, sondern auch durch neue Menschen brauchen. Der große Vorteil: Diese Orte haben fantastische Co-Working Spaces, Infrastruktur, Meetingräume und viele gleichgesinnte, aber unterschiedliche Menschen. So kann man vollkommen aus der eigenen Komfortzone ausbrechen, ohne sich unsicher zu fühlen, und dabei sogar noch produktiv sein.

Es steht außer Frage, diese modernen Kombinationen aus Arbeit und Leben sind im Moment nur für einen kleinen Teil der Berufswelt möglich. Oft haben hier die Selbstständigen die Nase vorne, müssen aber auch weitaus mehr Risiko eingehen. Das liegt in der Natur der Sache. Aber in diese Richtung bewegen sich die neuen Berufe, während diejenigen, die wegfallen, eher nicht dafür geeignet sind (siehe Kapitel Automatisierung und Rationalisierung). Es ist sehr einfach, diesen Arbeitstechniken Naivität, Faulheit und Verträumtheit zu unterstellen. Wenn die Ergebnisse aber stimmen, was sie in den meisten Fällen tun, ist dieses Argument nicht zu halten. Natürlich funktionieren sie nur, wenn sich die involvierten Personen von Manager:in bis Mitarbeiter:in vertrauen, offen kommunizieren und für ihren Beruf brennen. Dann sind die Ergebnisse auch entsprechend gut und profitabel. Die neue Arbeitswelt will, dass alle brav Geld machen, es ist kein Ende des Wachstums, wie so oft von den Manager:innen von gestern behauptet.

Es zeigt sich auch, dass es Selbstständige einfacher haben, solche experimentellen Arbeitsformen zu erproben. Hier sei

aber angemerkt, dass sich immer mehr Anstellungsverhält-
nisse auch auf solche Freiheitsstrukturen einlassen müssen,
sonst werden die jungen Talente niemals länger bleiben. Ob
hier Utopien gezeichnet wurden oder Realitäten, steht nicht
wirklich zur Debatte. Mit diesen Formen wird bereits erfolgreich experimentiert. Spannend wird es allerdings, wenn es
nicht nur die verrückten Kreativen sind, sondern es für immer mehr Menschen mit »normalen« Berufen Realität wird.
Dass es nach mehr Arbeits- und Lebensglück schmeckt, steht
außer Frage. Es gibt ein Ziel, es wird vorgelebt, nun müssen
wir uns nur mehr fragen, wie wir dort hinkommen. Zumindest können wir uns an einer Vision erfreuen, die nicht nur
von immer längeren, immer drögeren Arbeitszeiten spricht, in
denen wir lediglich versuchen, unser Leben auszubalancieren,
sondern davon, es endlich in Harmonie zu bringen. Wozu der
ganze Fortschritt, wenn nicht, um das Leben der Einzelnen
und somit das der Gesellschaft zu verbessern? Work-Life-Balance ist ein Auslaufmodell, freuen wir uns auf das Work-Life-
Blending.

Der Stadt-Land-Konflikt ist beendet

Wenn wir an den Begriff Arbeit denken, verbinden wir ihn oft
mit strahlenden Metropolen wie New York oder London. Dör-
fern hingegen tendenziell mit toten Zentren und frustrierten,
abgehängten Einwohnern. Aber warum ziehen wir stetig vom
Land in die Großstädte? Das alte Argument für die Großstadt
war immer die Arbeit. In der Zeit der rapiden Industrialisierung schossen überall in den Metropolen Fabriken aus dem
Boden, in denen man sich zwar bis in den Tod arbeiten konnte,

aber durchaus mehr verdiente als draußen auf dem Bauernhof. Als sich dann die großen Fabriken tendenziell ins Land zurückbewegten, waren es die Bürojobs, die attraktiv waren. Acht Stunden sitzen klingt doch wesentlich besser als acht Stunden knochenhartes physisches Schuften. Vor allem konnten jetzt auch endlich die Frauen ernsthaft am Arbeitsmarkt teilnehmen. Nun haben wir gelernt, dass Ortsgebundenheit für digitale, kreative und auch Büroarbeit nicht wirklich relevant ist. Anwesenheit ist beim Fließband durchaus relevant, aber im Office nicht zwingend nötig, wir haben einfach die Fabriklogik auf die neue Arbeitswelt übertragen. Was resultiert daraus nun für die alte Stadt-gegen-Land-Dynamik? Es hieß ja die längste Zeit, das Ländliche stirbt, die Stadt gewinnt. Die Daseinsberechtigung der ländlichen Region sei sowieso nur das Ernähren der Urbanisten. Bis zum Jahre 2050 sollen 75 Prozent der Weltbevölkerung in Metropolen leben, lautete einst die Prognose. Könnte es sein, dass die Revolution der neuen Arbeit diese Dynamik bricht, vielleicht sogar hier zu einer Trendwende führt? Es hängt historisch jedenfalls stark zusammen; Lebensort und Arbeitsplatz. Vielleicht ist es Zeit, diese Verbindung zu kappen, die nächste Evolutionsstufe steht bevor.

Stellen Sie sich die Zukunft vor. Was sehen Sie? Gläserne Wolkenkratzer, Drohnen, die Pakete ausliefern, Flugtaxis, die auf Hochhäusern landen, überall Screens und Roboter. Der klassische Hollywood-Schmarrn. Auch die Zukunftsforschung hat einen Blindspot. Wenn wir uns Zukunft vorstellen, haben wir das Bild einer hypermodernen Metropole mit futuristischen Gebäuden vor uns .... der Fokus liegt wieder klar auf der Stadt. Unsere Zunft, die Zukunftsforschung, leidet an urbaner Ver zerrung – der Blindspot der Zukunftsforschung ist nämlich das Land. Zukunft wird auf dem Land gemacht – oder zumindest mehr, als wir denken.

Grundsätzlich ist die Trennung von Stadt und Land sowieso nicht so eine deutliche, wie sie auf den ersten Blick scheint. Die meisten Menschen wohnen zwar in Städten – aber das sind oft keine Metropolen, sondern eher Klein- und Mittelstädte, vor allem in Deutschland. Urbanität ist schon lange nicht mehr an die Größe der eigenen Gemeinde geknüpft, sondern sie ist eine Frage der Einstellung. Dieses Mindset zeichnet sich aus durch Offenheit und die Bereitschaft für Veränderung. Die Provinz befindet sich im Wandel. Und sie kann dabei sogar schneller und fortschrittlicher sein als eine Großstadt. Diese Dörfer, Regionen und Kleinstädte kann man als progressive Provinzen bezeichnen. Damit gibt man der Provinz Zukunftsmut. Provinz ist nicht nur Agrarfläche, verlassene Landstriche, menschenleere Gegend. Die Provinz ist progressiv. Sie ist selbstbewusst und weiß, welche Stärken sie hat. Progressive Provinzen sind Problemlöser. Und sie haben, was der Stadt fehlt: eine Menge Platz.

Progressive Provinzen bringen gesellschaftliche Entwicklung voran. Sie sind neue kreative Hubs, naturnahe Co-Working-Spaces, Erholungsorte oder Zweitwohnsitze. Durch die Möglichkeit der mobilen Arbeit, das Homeoffice, und eine grundsätzliche Reduktion des Absitzens am Arbeitsplatz ist es durchaus möglich, auf dem Land zu leben und gleichzeitig ganz vorne bei der Arbeitswelt von heute und morgen dabei sein. Ein bis zwei Tage die Woche in die Großstadt zu pendeln, um Meetings abzuhalten, die sich vor dem Bildschirm nicht als produktiv erweisen, und dann noch Freunde treffen und ein paar Erledigungen machen, das klingt nicht schlimm, es klingt sogar nach einer Verbesserung – vor allem mit Blick auf die Preise. Was früher noch fünfmal die Woche zwei Stunden Pendeln am Tag war, ist nun ein flexibles, entspannteres Leben mit mehr Platz und Ruhe – dank der neuen Arbeitskultur des Homeoffice und neuen digitalen Tools. Denn wenn man genauer betrachtet, was viele Menschen als einen erstrebenswerten, schönen Wohnort ansehen, da kann die Großstadt nicht wirklich mithalten.

Sieht man sich genauer an, was für die Menschen in Deutschland hohe Lebensqualität ausmacht, steht an erster Stelle Ruhe und wenig Lärm – nicht unbedingt ein Kennzeichen der Großstadt. An Platz zwei steht schon die Nähe zur Natur statt zum Beton. Zweifelsfrei versuchen viele Metropole wieder grüner zu werden, nichtsdestotrotz ist eine Menge Fläche bereits brutalstens verbaut oder aufgrund gewisser Interessenlagen nicht mehr zur Natur zurückführbar. Vor allem der Blick auf die Grundpreise lässt erahnen, dass da mit Bauland spekuliert wird. Zentral sind natürlich die Preise und Kosten. In den großen Städten wie München, Berlin oder Hamburg kann sich selbst ein gut verdienendes Paar kaum mehr eine Immobilie leisten, und irgendwie will man doch die eigene Höhle für die Familie. Und auch für eine Wohnung gehen bei den erbärmlichen Einstiegsgehältern für die jüngere Generation mal sauber über 50 Prozent des Einkommens als Miete und andere Fixkosten drauf. Bleibt noch die Hoffnung auf das Erbe. Es zeigt sich, dass unsere Lebenswünsche nicht unbedingt an die Metropole gebunden sind, die Arbeit aber eben leider oft doch.

Co-Working, Co-Living, Co-Gardening, Co-Mobility, alles neue Phänomene in der Großstadt. Es sind neue Formen der Kooperation, des Zusammenseins, vom Arbeiten bis zum Gärtnern. Auf dem Land, das doch angeblich so regressiv ist, gibt es diese Kulturformen schon wesentlich länger. Die ganzen Co-Bewegungen der letzten Zeit bedeuten ja übersetzt nur, etwas zusammen zu tun – es scheint, als hätten wir in der Großstadt da etwas Wesentliches verlernt. Insofern ist die Provinz vielleicht ein guter Ort, wieder zueinanderzufinden. Die Stadt kann jedenfalls vom Land lernen und vice versa.

Vor allem den jüngeren Generationen wird unterstellt, zum Partymachen und Sozialisieren in verdichteten Räumen leben zu wollen. Das ist auch nicht weiter verwerflich, wäre es so der Fall. So würden allerdings 33 Prozent der 16- bis 34-Jährigen in Österreich die Hauptstadt Wien verlassen, würde ihre Arbeit eine dauernde Homeoffice-Möglichkeit bieten. Eine gewisse Entzauberung des Klischees. Man kann diese Bewegung sicherlich auch als Corona-Effekt bezeichnen, haben wir doch vor allem in den kleinen Apartments der Städte wochenlang auf graue Betonwände geschaut, während die Landbevölkerung sich wesentlich freier und entspannter bewegen konnte. Durch das nicht ewige Unterwegssein haben wir auch eine menschliche Ur-Wahrheit neu entdeckt: Unsere Höhle ist wichtig. Es sei daran zu erinnern, dass es für den Homo sapiens überlebensnotwendig war, ein sicheres, vertrautes »Haus« zu besitzen, das vor den Gefahren der Natur schützt. Die Chance, dass uns heutzutage der Säbelzahntiger an die Gurgel will, ist zwar gering, der Wunsch nach Geborgenheit und Ruhe besteht allerdings weiterhin. Durch die Beschleunigung im Leben hatten wir oft unsere Wohnungen eher als Hotels gesehen, in denen man schläft, aber nicht lebt. Dieses Dogma haben die Covid-Lockdowns maßgeblich in Frage gestellt. So wollten nach den Lockdowns statt 34 Prozent nur mehr 25 Prozent der Österreicher:innen in Wien leben – das sind fast immerhin eine Million Menschen, die sich umentschieden haben.

In der modernen Welt sind im Gegensatz zu früher die Grenzen zwischen Stadt und Land fließend. Entweder war man Bauer, und hing in der Pampa fest, oder mobiler Aristokrat und aß in den Städten Europas Melonen oder solch anderes exotisches Zeugs. Welch eine wahrlich fantastische Zeit das Mittelalter doch war. So ist aber weder die Gegenwart noch die Zukunft. Wir haben komplexere Lebensläufe, unsere Existenz hängt nicht an einem Ort. Durch die fantastischen Chancen der modernen Arbeitswelt eröffnen sich hier völlig neue Multigraphien, die unser klassisches Bild der Biographie ersetzen werden. So kann man problemlos im jüngeren Alter das wilde, schnelle Leben der Großstadt genießen und zur Familiengründung raus aufs Land. Von dort vielleicht ein oder zwei Tage die Woche ins Büro pendeln, wenn es nötig ist. An der Stelle sei nochmals erwähnt, welch eine unglaublich hohe Korrelation zwischen Lebensunglück und Pendelweg herrscht. An alle in der Chefetage: Wer will schlecht gelaunte, deprimierte Mitarbeiter:innen? Klingt mir nach schlechter Führung. Sind die Kinder nun flügge, wohlauf – auch weil sie etwas mehr Zeit mit den Eltern verbringen konnten, die oft von zu Hause arbeiten konnten –, ist es vielleicht Zeit, ein bisschen zu reisen oder zurück in die Großstadt zu ziehen. Party machen darf man auch mit 50. Mit 70 ist es dann, dem Klischee entsprechend, Zeit für eine schöne Hütte im Wald, in der man in Ruhe den Lebensabend genießt. Lebensphasen und die Dichotomie Stadt versus Land weichen sich auf, bieten uns mehr Flexibilität, den richtigen Ort zur richtigen Zeit zu finden – ähnlich wie bei der Arbeit. Kriegen wir es mit den Unternehmenskulturen auf die Reihe, könnte hier unglaublich synergetisches Potenzial zwischen Privat- und Berufsleben entstehen. In solch einer Komplexität bewegt sich nicht nur eine lohnenswerte Zukunft, sondern ebenso eine, für die es sich zu kämpfen lohnt.

 **Purpose/Sinn**

Das Gesetz der Anziehung

>»Schaffe die höchste und großartigste Vision für dein Leben, weil du zu dem wirst, woran du glaubst.«
>
> Oprah Winfrey

Nun ja. Auf den ersten Blick mag so ein Zitat zwar für den ein oder anderen motivierend wirken und ja, auch ich genieße triefendes Pathos etwas zu gerne, aber irgendwann ist auch mal Schluss. Die Welt des Motivations-Bullshit-Bingo ist schon groß genug. Bringen wir mal etwas Licht ins Dunkel des sogenannten Manifestierens.

Die jüngeren Generationen werden durch TikTok und Instagram bereits frühkindlich indoktriniert: Du kannst es schaffen, wenn du nur fest an dich glaubst und hart genug arbeitest. Was früher noch Helikoptereltern übernommen haben, hat seinen Weg auf Social Media gefunden. Das sogenannte Gesetz der Anziehung besagt, dass wir die Dinge anziehen, die wir ausstrahlen, positive Gedanken ziehen also Positives an, und vice versa sind wir auch verantwortlich für all das Negative, das uns widerfährt. Gekündigt worden? Hast dich wohl nicht genug angestrengt. Dein Vermieter will die Wohnung selbst nutzen, tja hättest du dein Zuhause besser gepflegt, dann müsstest du jetzt nicht auszuziehen. Partner weg? Hättest du doch nur positivere Vibes gehabt. Klimakrise? Hättest du doch nicht so viel Diesel gesoffen. Oh, wait, daran sind wir ja wirklich schuld. »Good vibes only« als Lösung für tiefgreifende Probleme mag im Rausch der Motivation gut klingen, in der Realität ist es jedoch nicht ganz so simpel.

Positive Gedanken an das Universum, das es dann schon richten wird, sind genauso effektiv wie Horoskope lesen und sein Leben danach ausrichten. Das sogenannte Manifestieren wurde durch Rhonda Byrnes Buch »The Secret« populär und mit deren größter Anhängerin Oprah Winfrey in die gesamte Welt getragen. Eine klare Aufwärtsspirale nach oben, zumindest für deren Geldbeutel. Denn was uns nicht gesagt wird: Schlichtes positives Denken hilft nicht bei realen Problemen, wie Armut, Benachteiligung oder fehlenden Jobchancen. So dauert es laut einer OECD-Studie aus dem Jahre 2018 ganze sechs Generationen, bis ein einkommensschwächerer Haushalt eine »soziale Klasse« aufsteigt. Soziale Mobilität ist der Schlüssel für eine glückliche Gesellschaft, denn wer verspürt, dass sein Erfolg nur vom Geburtsglück abhängig ist, verliert zu Recht das Vertrauen in Politik und Wirtschaft. Die Studie untersucht, dass genau diese Dynamik ins Stocken geraten ist. Privilegsunterstellungen hin oder her, die Studie zeigt, dass sich die Chancengleichheit wieder verringert. Wir kennen es aus den Diskussionen rund um die sterbende Mittelschicht, uns droht eine Zweiklassengesellschaft wie früher. Die wahre Frustration dahinter ist ja, dass wir so verdammt viel Wohlstand haben, er eben nur brachial schlecht verteilt ist. So haben einkommensschwache Menschen dauernd vor Augen, wie die Reichen immer reicher werden, aber der berühmte »Trickle down«-Effekt, also dass von da ganz oben auch etwas Geld hinuntersickert, nicht eintritt. Es ist zu vermuten, dass die Corona- und Wirtschaftskrise diese Dynamik noch weiter zuspitzt. Die Schuld auf das Individuum zu schieben ist faul, ist der Bildungsstandard doch so hoch wie noch nie. Oft wird behauptet, es läge unter anderem an fehlenden Visionen der »Armen«, aber wie bitte soll sich jemand ein Vision-Board aufzeichnen, der unter dem ständigen Druck steht, genügend Essen auf den Tisch zu stellen und die Miete fristgerecht zu bezahlen. Es gibt so etwas wie eine Armutssteuer; wer jeden Cent nutzen muss, um die Grundbedürfnisse zu befriedigen, kann sie nicht in Richtung Zukunft investieren. Deswegen ist das ganze Gelaber rund um die Unterschiede zwischen »erfolgreichen Businessmen« und »Versagern« so befremdlich. Als hätten Jeff Bezos oder Elon Musk nicht mit einem massiven Startvorteil losgelegt. Das ist per se auch nicht schlimm, allerdings ist der Mythos, jeder könne es schaffen, gefährlich. Denn wem es dann eben nicht gelingt, der gibt sich selbst die Schuld, statt das System zu hinterfragen – und dem Motivationstrainer gleich noch etwas mehr Geld. Beim zehnten Mal muss es doch wohl klappen. Es wird sichtbar, wir müssen dieses Konzept nochmal überdenken. Natürlich hilft einem eine positive Einstellung auf die Welt, nach vorne zu blicken, dennoch werden auch in Zukunft immer wieder Negativereignisse auftreten, die wir uns nicht herbeiwünschen, bei denen es wenig hilft, sie einfach nicht zu beachten. Es ist nicht alles Friede, Freude, Eierkuchen, manchmal geschehen Schicksalsschläge, die keine Rhetorik der Welt beschönigen kann. So zeugt es von wahrer Weitsicht und Resilienz, auch auf plötzliche Probleme und Krisen, soweit es geht, vorbereitet zu sein und schnell auf diese reagieren zu können. Die Coronakrise war das beste Beispiel dafür, dass ein schnelles Anpassen an die neue Situation Unternehmen handlungsfähig gemacht hat und starre Strukturen fehl am Platz waren.

Je chaotischer die Welt, desto mehr Ordnung brauchen wir, das wollen uns Motivationscoaches weismachen. Dabei geht es aber schon lange nicht mehr darum, hart zu arbeiten, um schlussendlich erfolgreich zu sein, der Part mit der Arbeit wird einfach übersprungen, es braucht angeblich ja nur das richtige Mindset und Erfolg als Selbstzweck. Man kann sogar noch einen draufsetzen, mit dem sogenannten Grindset. Mindsets sind nur mehr für Versager. Mit Grindset ist eine Geisteshaltung gemeint, bei der jemand all seine Zeit und Ressourcen auf das Erreichen eines Business-Zieles ausrichtet, um letztlich sehr reich zu werden – *all day everyday*. Man lebt nur noch für die Arbeit, für sein Projekt oder seine Firma. Oder man fängt gleich an, beim Aktienmarkt mitzumischen oder in der Cryptowelt zu investieren, denn dort wartet das wahre Geld. Das weitaus mehr Kleinanleger Geld verlieren als gewinnen, wird dort einfach mal verschwiegen. Schmeckt ein bisschen nach Pyramidenschema, wenn Sie mich fragen. Wenn die gesamte Denkweise allein auf Erfolg ausgerichtet ist, besteht die Gefahr, dass wir uns schnell in dieser Aufwärtsspirale verlieren. Einer Studie zufolge sind spannenderweise Personen in höheren Managementpositionen weitaus gefährdeter, an kognitiven Verzerrungen zu leiden, als Personen, die in der Hierarchie unter ihnen stehen.

Wie kann das sein? Nun ja, stellen Sie sich einen typischen Manager vor, der alles im Blick zu haben scheint und immer eine Lösung parat hat. Was nicht nach außen kommuniziert wird: Seine Fallhöhe ist viel höher als bei Kolleg:innen mit kleineren Projekten. Das schürt tief sitzende Ängste vor Verlust. Verlust des Ansehens, von Macht und Geld. Aufgrund dieser

Angst sind viele Manager:innen, vor allem die Männer, kaum in der Lage, Situationen in jedem Moment so einzuschätzen, dass objektiv am besten gehandelt wird. Diese Einstellung gefährdet auch den Wandel der Unternehmenskultur, denn Veränderungen bergen Risiken. Man könnte fast sagen, dass so einige Unternehmen vom Ego der Führungseben als Geisel gehalten werden. Das beste Beispiel ist der Flughafen in Berlin. Dieses Riesenprojekt war voll von Fehlentscheidungen und Redundanzen, die aufgrund dieser entstanden sind. Es wäre zu manchen Zeitpunkten sinnvoller gewesen, den gesamten Flughafen abzureißen und neu zu bauen. Aber die Verantwortlichen steckten zu tief drinnen – ihre Egos ebenso. Die Versunkene-Kosten-Falle, also die Tendenz, wenn man Geld, Zeit und Mühe investiert hat, einfach entgegen objektiven Fakten dabeizubleiben, ist hier stark am Wirken. Im Übrigen ist dies auch einer der Mechanismen, deren sich die Motivationscoaches bedienen. Hat man dem Guru schon 50 000 Euro gegeben, wird man eher ungerne denken, es sei alles umsonst gewesen. Zurück zu den Managern. Ihre Verlustaversion trieb sie an, immer weiter und weiter zu planen und blind zu hoffen, dass der Schaden nicht noch größer wird. Häufig wird das Gesetz der Anziehung mit der selbsterfüllenden Prophezeiung verwechselt. Das stimmt aber nicht so ganz, hier ein kleines Beispiel.

Am Anfang der Pandemie gab es Meldungen zur Knappheit von Klopapier in den Supermärkten. Wenn Sie treuer Anhänger des Gesetzes der Anziehung wären, würden Sie diese Gedanken schlicht aus Ihrem Mindset verbannen und denken, wenn das Universum will, werde ich schon noch Klopapier ergattern. Tatsächlich ist es aber so geschehen: Zu Beginn der Krise gab es Vermutungen über einen Lockdown, von dem niemand wusste, wie er genau aussieht. Daraufhin wurde gemutmaßt, welche Produkte schnell noch besorgt werden mussten, um wochenlang in den eigenen vier Wänden zu überleben. In diesem Fall hat es das Klopapier getroffen, und allein die Überlegung, welche Produkte knapp werden könnten, veranlasste die Menschen dazu, diese vermehrt zu bunkern. Dies bedingte erst die (kurzfristige) Knappheit, die im Übrigen nicht real war, das Verkaufspersonal war schlicht mit dem Hinterherräumen der Waren ob des plötzlichen Einkaufssturms überfordert, in den Lagern gab es genug Nachschub. Die leeren Regale schürten dann die Ängste weiter, und die Meldung, dass Klopapier knapp ist, erfüllte sich. Und sobald man es im Laden sah, wurde umso mehr gekauft. Sie sehen den Dominoeffekt, der hier entstand.

Ein anderes Beispiel ist ein Experiment aus dem Jahre 1968 des Psychologen Robert Rosenthal, der einer ausgewählten Gruppe von Schülern mitteilte, ihre Laborratten seien besonders intelligent, die andere Gruppe erhielt die angeblich weniger schlauen Ratten. Obwohl alle Ratten denselben Genpool hatten, schnitten die Ratten bei einem Wettlauf durch ein Labyrinth besser ab, deren Besitzern vorgemacht worden war, sie hätten die schlauen Ratten erhalten. Dieses Experiment wurde vielfach repliziert. Ich möchte natürlich nicht die Belegschaft eines Unternehmens mit kleinen haarigen Nagetieren gleichsetzen. Aber das Modell funktioniert auch beim Menschen. Bei einem Versuch mit Schülern, denen gesagt wurde, sie seien hochintelligent, konnten diese tatsächlich ihren IQ-Wert signifikant steigern. Der sogenannte Rosenthal-Effekt zeigt das Bemühen, den Annahmen, die über uns getroffen werden, tatsächlich gerecht zu werden. Während sich Personen, die dem Gesetz der Anziehung erlegen sind, einfach in ihrer Meinung von sich selbst bestätigt sehen und weitermachen wie bisher, würden diejenigen, denen überraschenderweise mehr als üblich zugetraut wird, alles tun, um dem Ergebnis auch zu entsprechen. Also tatsächliches Handeln, nicht nur Glauben.

So gibt es auch den sogenannten Kluge-Hans-Effekt, der das Ganze wirklich schmerzhaft spürbar macht. Darf ich vorstellen, unseren Protagonisten; Hans, 1895 geboren. Er hat vier Hufe und einen schönen Schweif, Sie ahnen es, er ist ein Pferd, ein sehr beeindruckendes Wesen. Er kann angeblich zählen. Durch ein Klopfen seines Hufes oder Nicken des Kopfes konnte er arithmetische Aufgaben lösen, sogar buchstabieren konnte er angeblich. Man kann sich vorstellen: Zu dieser Zeit war er eine absolute Attraktion auf jedem Jahrmarkt, sein Schulmeister Wilhelm von Osten konnte mit ihm gut Geld einspielen. Leider, leider war unser Pferd kein mathematisches Genie, sondern vielmehr ein Menschenversteher. Tiere sind sensible Wesen, und können Erwartungshaltungen ihrer Besitzer erspüren. So ist die These, dass er kleine Signale seines Herrchens spüren konnte und einfach aufhörte zu klopfen, wenn er die feinen Nuancen in Gesichtsausdruck und Körpersprache bemerkte. So passiert es auch oft in der Arbeitswelt, denn auch wir Menschen haben ein unbewusstes Kommunikationsvermögen. So kann eine positive Feedback-Schleife zu kompletten Verzerrungen der Realität führen. Anstatt das zu sagen, was wir für richtig halten, versuchen wir unterbewusst, es dem höherrangigen Gegenüber recht zu machen. Auf einer etwas komplexeren Ebene entspricht das dem Klopfen unseres Pferdes. So können sich Meinungsschleifen ergeben, die kaum zu brechen sind. Denn hat man den Chef oder die Chefin oft genug befriedigt, ist jeglicher Ausbruch aus diesem Muster unglaublich schwer. *Good vibes only* dachte sich auch der kluge, aber letztlich doch irgendwie doofe Hans. Obwohl so ein Grad an Menschenverständnis nicht zu unterschätzen ist, nur sollte es nicht als Maskierung der eigenen Fähigkeiten dienen oder divergente Meinungen unterdrücken.

Wie finden wir jetzt also Zufriedenheit und den Sinn in unserer Arbeit, abseits der hohen Diskrepanz von zwielichtigen Versprechen, die uns Motivationscoaches geben, und einem Chef, der uns nicht mal von zu Hause aus arbeiten lassen möchte? Sind wir eigentlich nur da, um unsere Chefs zu befriedigen? Ist das Glück somit nur in der Selbstständigkeit zu finden? Der Homo oeconomicus hat ausgedient, obwohl es noch ein paar Männer gibt, die auf dieser Evolutionsstufe festhängen. Geld, Protz, Status, Erfolg, alles als Selbstzweck – da fehlt es wohl an intrinsischem Selbstbewusstsein und Ego. Zeit für einen Paradigmenwechsel.

Die Sinnfrage

Wir wissen jetzt also, was Sinn, vor allem in der Arbeit NICHT ist. Geld, Macht, Status verleihen per se keinen Sinn, sondern eher Minderwertigkeitskomplexe in Form von Überkompensation.

Was ist nun aber die Bedeutung des Sinns, des Purpose, wenn man ganz cool und modern sein möchte? Laut Duden, der bei übermäßig verwendeten Begriffen immer hinzuziehen ist, ist Sinn die »Fähigkeit der Wahrnehmung und Empfindung (die in den Sinnesorganen ihren Sitz hat)«. Sinnerfüllte Arbeit ist, wenn wir uns nach den oben genannten Motivationscoaches richten, immer schneller weiterzukommen. Ziele rein monetär zu setzen und nach noch mehr Macht und Bestätigung zu gieren. Doch leider lässt unsere Zufriedenheit schon ab einem Jahresgehalt von 60 000 Euro signifikant nach. Soll heißen: Bis zu diesem Punkt steigt unsere Zufriedenheit im Job mit höherem Gehalt, bei allem darüber hinaus leider kaum mehr. Oft zieht mit einem extrem hohen Einkommen auch eine gewisse Form der Einsamkeit und Paranoia mit sich, dafür gibt es einen fantastischen Begriff: klimatisiertes Elend. Wenn wir uns daran erinnern, dass Chefs teilweise das 500-Fache ihrer Angestellten verdienen, ist das noch irrsinniger als ohnehin schon. Wir bewegen uns gedanklich immer in einem Moment, den wir nie erreichen werden, setzen uns Ziele, aber wissen nicht, warum. Wir streben nach einer Gehaltserhöhung, um Anerkennung zu verspüren. Wollen eine neue Jobposition, die wir auf LinkedIn posten können. Und dann? Dann, dann sind wir bereit dazu, glücklich und zufrieden zu sein. Nur funktioniert das mit dem Glück nicht so einfach. Statistisch gesehen sind wir zwischen 25 und 40 am unglücklichsten. Genau in der Zeit, die beruflich besonders viele Meilensteine zu bieten hat. Steuern wir Richtung Rente, werden wir langsam wieder etwas ruhiger, besonnener und akzeptieren unsere Situation oder fallen aus der Statistik ins Grab. Denn unglückliche Menschen sterben früher, insofern haben wir hier eine leicht makabre statistische Verzerrung. Nichtsdestotrotz, keine besonders rosigen Aussichten auf unser Jobleben. Leiden, bis endlich der Ruhestand da ist, das kann doch nicht der Anspruch einer modernen Arbeitswelt sein. Legen wir diese alte, nach innen gerichtete Bedeutung von Sinn also schnellstmöglich ab und widmen uns der neuen, zukunftsweisenden.

Ich lade Sie jetzt zum kürzesten Motivationsworkshop der Welt ein. Und der ist sogar kostenlos. Stellen Sie sich eine Frage:

Welchen Mehrwert biete ich der Gesellschaft?

Ich wette mit Ihnen, dafür müssen Sie nicht zum Universum beten oder ein Vision-Board aufbauen. Sie brauchen auch keine klare Vorstellung vom Zeitpunkt der nächsten Gehaltserhöhung, die sie sich fest herbeidenken. Sinn muss nach außen gerichtet sein, um nachhaltig wirken zu können. Wir wollen nicht nur uns, sondern unser Umfeld besser machen. Das ist tief in uns als Homo sapiens verwurzelt. Denn wir sind nicht stärker oder schneller als der Säbelzahntiger, unser zentraler Vorteil ist, dass wir kooperativer und kommunikativer sind. Die jüngeren Generationen lassen sich nicht mehr von falschen Versprechen blenden, dafür haben sie zu viele Krisen miterlebt. Sie hinterfragen die Norm, die vorherrschende Ordnung, was das Thema Lebensglück und Arbeit angeht. Freizeit und Lebensglück können zusammenfallen, wenn es nicht nur um Leistung, Leistung, Leistung geht. Wenn Sie diese Generation vor die Wahl stellen, ob sie lieber einem sinnstiftenden Job in einer Organisation wollen, deren Werte sie vertreten, oder einen, bei dem es nur ums Geld geht, werden die meisten Ersteren wählen. Ja, Geld ist notwendig und eine Form der Anerkennung. Um jedoch die eigene Zufriedenheit zu steigern – dafür reicht Geld alleine nicht aus. Sinn ist einer jener Begriffe, die jeder selbst auf eigene Art und Weise mit Bedeutung auflädt. Die Forscher Brent Rosso (Montana State University), Kathryn Dekas (Google) und Amy Wrzesniewski (Yale University) haben 2010 eine Studie zum Sinn der Arbeit verfasst und daraus abgeleitet eine Sinn-Matrix erstellt. Sie differenziert Sinn auf folgende Arten:

Wie kommt der Sinn in die Arbeit?

(Dr. Nico Rose, basierend auf einer Arbeit von Rosso/Dekas/Wrzesniewski, 2010)

Individuum
(Differenzierung, Wachstum, Leistung)

Wirkung	**Beitrag**
• Selbstwirksamkeit: Kontrolle • Selbstwirksamkeit: Kompetenz • Selbstwert/Selbstachtung	• Selbstwirksamkeit: Impact • Zweck/Wirkung • Transzendenz

Selbst — **Andere**

Selbstwerdung	**Zugehörigkeit**
• Selbst-Konkordanz • Identitätsbestätigung • Persönliches Engagement	• Werte-System • Soziale Identifikation • Interpersonelle Bindung

Kollektiv
(Kontakt, Bindung, Vereinigung)

Quelle: https://www.researchgate.net/publication/228661748_On_the_Meaning_of_Work_A_Theoretical_Integration_and_Review

Die Sinn-Matrix vereint also die Faktoren, die sinnstiftendes Arbeiten ermöglichen, dabei können diese auf zwei Dimensionen heruntergebrochen werden. Auf die vertikale Achse, die zwischen individuellen Sinntreibern und Sinn im Kollektiv unterscheidet. Horizontal sehen wir, welche Bedürfnisse beim Erledigen der Tätigkeiten erfüllt oder auch nicht erfüllt werden. Also Sinn »für mich« oder Sinn »für andere«. So können eine hohe Selbstwirksamkeit und die soziale Identifikation friedlich koexistieren. Für den einen ist Autonomie das höchste Gut, er möchte Projekte eigenverantwortlich durchziehen und so seine Selbstwirksamkeit stärken. Er befindet sich also im linken oberen Quadranten. Eine andere Person, sie lässt sich rechts unten verorten, erfährt den meisten Sinn in der Zugehörigkeit zu einer Gruppe, sie teilt gerne deren Wertvorstellungen und kann sich so als Teil eines größeren Ganzen begreifen. Dass nicht immer alle Ausprägungen im gleichen Maße vertreten sind, ist klar, jedoch ordnen sie deutlich die Wertehaltung von Individuen am Arbeitsmarkt ein. Die Individualisierung der Gesellschaft hat eben auch zu unterschiedlichen Vorstellungen von Sinn geführt, die akzeptiert werden müssen. Es gibt auch in der jüngeren Generation kleine Subgruppen, die auf Status, Geld und Protz setzen. Das ist okay, das müssen wir anderen aushalten. Aber die reine Reduktion auf Einkommen als Sinnstiftung funktioniert nicht mehr wie früher. Wie schon oft angeführt, das ist weder etwas Schlechtes, noch ist es eine moralische Verfehlung der alten Arbeitswelt. Es hat eben alles seine Zeit. Nach der Zerstörung der Weltkriege war es total legitim, den Sinn im finanziellen Wiederaufbau zu sehen. Nun gehen wir aber in die nächste Evolutionsstufe des Sinns über. Wie lässt sich dieses vergleichsweise differenzierte Modell nun aber konkret auf die Arbeitswelt umlegen? Selbstständige haben sich vermutlich schon weitaus mehr mit der Sinnfrage beschäftigt, so war doch oft die Flucht aus den Anstellungsstrukturen genau dadurch motiviert. Deswegen helfen wir doch zuerst den Unternehmen auf die Sprünge. Zuerst einmal rate ich Ihnen, Ihren Betrieb einem kurzen Check zu unterziehen. Ja, ich weiß, es ist so eine Sache mit den White- und Blindspots, aber ungefähr weiß jede:r, wo er oder sie steht. Welche Sinntreiber gibt es im eigenen Unternehmen? Oder wenn Sie es gerne – ganz im Sinne eines Work-Life-Blendings – breiter fächern wollen, in Ihrem Leben? Verorten Sie sich eher links unten? Dann würde ich Ihnen raten, jedem mal die Chance zu geben, eigene Projekte zu initiieren – Scheitern erlaubt, ja, sogar erwünscht. Und dann lernen alle daraus. Sie werden sich wundern, was die plötzliche Eigenermächtigung mit den Kollegen macht und wie viel Initiative gezeigt wird. Sind Sie bereits ein richtig wokes Unternehmen? Dann kommunizieren Sie das und unterstreichen Sie, dass sie auch aufgrund dessen gerne dem Betrieb angehören. An alle Großkonzerne: Eine Person, die für die »Innovation« in der Firma zuständig ist, würde ich mir jetzt nicht besonders groß auf die Fahnen schreiben, das sollte in der Unternehmenskultur tiefer verankert sein. Aber vielleicht riskiert ihr in Zukunft etwas und wagt neue Wege, die nicht nur im oberen linken Quadranten liegen.

Natürlich stiften die Jobs den meisten Sinn, die alle Quadranten bedienen, ich weiß, bis dahin ist es noch ein langer Weg, aber ich bin zuversichtlich. Nicht jeder Beruf kann all diesen Ansprüchen gerecht werden, aber ein Ziel vor Augen ist doch ein Fortschritt. Zuerst sollte man sich auf jeden Fall verorten können, um zu verstehen, wo man den Sinn noch etwas ausbauen sollte.

Und was machst du so?

Spätestens die zweite Frage nach dem Namen, den man sowieso gleich wieder vergisst, gilt der Frage, auf die man nie so recht eine Antwort hat: Und was machst du so? Gemeint ist dabei in den wenigsten Fällen der Plan für den weiteren Verlauf des Tages oder Abends, sondern der Beruf. Bitte schön amüsant in zwei, drei Minuten zusammenfassen. Wir sind doch hier nicht bei einem Bewerbungsgespräch. Smalltalk mag niemand, trotzdem kommen wir nicht drum herum. Und jetzt, da wir unser Leben nicht mehr dank Lockdown zu Hause verbringen, müssen wir das mit dem Socializing wieder neu erlernen. Während sich auf Zoom niemand traut, auch nur eine Minute vor Meeting-Beginn einzuschalten, um der ewig unerträglichen Diskussion um das Wetter und die nervigen Kids im Hintergrund zu entgehen, gelingt uns das im physischen Gespräch eher weniger. Gut, da ist dann aber hoffentlich auch der Partner in Unterhose nicht mehr so omnipräsent.

Wir wissen mittlerweile, das Büro hat als schlichter Ort der Arbeitserfüllung ausgedient und hat nun den Zweck, der Platz zu sein, sich auszutauschen, gemeinsam wieder kreativ zu sein und den Teamgeist aufzubauen. Für die meisten Arbeitnehmer:innen ist neben Gehalt und Flexibilität nämlich der regelmäßige Austausch mit den Kolleg:innen wichtig, um den Sinn in der Arbeit nicht zu verlieren. Hier zeigt sich, wie unsere Rolle innerhalb eines sozialen Gefüges sinnstiftend wirkt – als Teil einer Gruppe, eines Teams. Denn während wir im Homeoffice schnell das Gefühl bekommen, alleine für alles verantwortlich zu sein, und unseren Abstand zur Arbeit verlieren, hilft der Austausch, diese Distanz wiederaufzubauen. Klingt komisch, hat aber durchaus seine Berechtigung, denn Sinn entsteht erst durch das Gefühl, gemeinsam an einem Strang zu ziehen, sei es im Arbeitskontext, wenn ein Projekt erfolgreich über die Bühne geht, oder auch gesamtgesellschaftlich, wie man auch an den Protesten von Fridays for Future sehen konnte. Denn das große Ganze im Blick zu behalten hilft, die persönliche Sinnhaftigkeit einzuordnen, geplante Ziele neu zu definieren, und bewahrt davor, sich in etwas zu verrennen, ohne am Ende zu wissen, wofür man eigentlich brennt – oder einfach zu existieren, um dem Chef ein Lächeln auf die Lippen zu zaubern.

Hier also ein paar Tipps für den erfolgreichen Umgang miteinander:

1. Tauschen Sie sich so viel wie möglich mit Kolleg:innen aus Abteilungen aus, mit denen sie nicht täglich in Kontakt stehen. So kommen Sie aus der klassischen Betriebsblindheit Ihrer Abteilung raus und entdecken im Gespräch, welche Lösungswege andere finden.

2. Eine Gallup-Studie bestätigt, dass Freundschaften zu Kolleg:innen die eigene Zufriedenheit um 50 Prozent steigern. Neuen Leuten eine Chance zu geben nützt also auch uns selbst. So werden zumindest Büro-Weihnachtsfeiern etwas spaßiger, bevor sie die Zwei-Promille-Marke erreicht haben.

3. Virtuelles Onboarding ist furchtbar. Geben Sie den armen neuen Kolleg:innen die Chance, einander richtig kennenzulernen. Sie werden sich darüber freuen. Menschliche Kommunikation ist eben größtenteils nonverbal und kann nicht über Kamera und Mikro voll ausgekostet werden. Sobald man sich kennt, ist es digital wunderbar möglich, die Beziehung zu pflegen – aber nicht ausschließlich dort.

4. Falls Sie mental schon gekündigt haben, vermeiden Sie es, zu viel Zeit damit zu verschwenden, vor anderen über Chef:in und Kolleg:innen zu meckern. Konstruktives Feedback kann allerdings sinnvoll sein.

5. Zu guter Letzt: Es ist okay, wenn Sie absolut keinen Bock auf After-Work-Veranstaltungen haben. Ihre Freizeit dürfen Sie selbst gestalten, und wenn Sie keine Kolleg:innen nach Feierabend sehen wollen, zwingen Sie sich nicht zum After-Work-Bier. Und lesen Sie vielleicht nochmal Punkt 4. Denn wenn Ihre Arbeitskultur dermaßen kaputt ist, dass Sie sich zum Sozialisieren zwingen müssen, ist es sowieso schon vorbei und nur mehr eine Frage der Zeit.

Für alle Hustler unter euch, Socializing kann euch übrigens auch dabei helfen, die Karriereleiter hinaufzuklettern, denn neue Gelegenheiten und Job-Opportunities ergeben sich häufiger als gedacht in beiläufigen Nebensätzen, die in Gesprächen fallen. Und wer seinen Kolleg:innen ab und an mal aushilft, hat laut *Fortune* eine 40 Prozent höhere Chance, befördert zu werden. So kann man Sinn und Erfolg auch verknüpfen, wenn es anders nicht geht.

Was machen, wenn ich keinen Sinn in meiner Arbeit sehe?

Die Automatisierung hat funktioniert, noch nie haben so viele Menschen in hochspezialisierten Berufen, in der Dienstleistungsbranche und in leitenden Funktionen gearbeitet wie heute. Deutlich weniger dafür in Industrie und Landwirtschaft. Eigentlich gibt es also weit mehr »sinnstiftende« Berufe als noch vor hundert Jahren. Wie kommt es dann, dass es eine so hohe Zahl an Menschen gibt, die keinerlei Sinn in ihrer Arbeit sehen?

Legendär, wenn im Kern auch ziemlich traurig, sind die Ge-

schichten, die David Graeber in seinem Buch »Bullshit Jobs«
erzählt. Er berichtet von Personen, die teilweise seit 30 Jahren
im selben Job stecken und wissen, dass dieser völlig sinnlos ist.
Personen, die für kleinste Tätigkeiten Formulare ausfüllen müssen, von Unternehmen, die eigens dafür da sind, diese Formulare freizugeben, um ein weiteres Formular auszufüllen, das in
einer Excel-Tabelle landet, die nie jemand lesen wird – kafkaes-
ker. Das Schlimme ist, dass diese Personen um die Unnötigkeit
ihres beruflichen Daseins wissen, deshalb stecken sie in einer
Zwickmühle. Denn zuzugeben, seit Jahren etwas zu tun, das
nicht notwendig ist oder der Firma irgendeinen Nutzen bringt,
möchte niemand. Also muss Beschäftigung simuliert werden.

Das klingt auf den ersten Blick vielleicht irgendwie ganz
amüsant, ist aber wahrlich Gift für die Psyche der Betroffenen. Während hauptsächlich der Burn-out seinen Platz im
gesellschaftlichen Diskurs findet, ist eine ebenso ernstzuneh-
mende Krankheit das sogenannte Bore-out, das Übermaß an
Langeweile. Das Schlimmste, das Gefühl, etwas Sinnloses zu
tun, überträgt sich auf die Wahrnehmung der eigenen Person,
denn wäre sie von Bedeutung, hätte sie doch auch eine wichtige Aufgabe, oder? Da ist ein Burn-out fast vorzuziehen, zumindest gibt es dort die Chance auf Sinnfindung. Wenn der
Arbeitsalltag keinerlei Herausforderungen und Chancen bietet,
an seine Grenzen oder über sie hinauszugehen und Neues zu
probieren, verkümmern wir und beginnen uns selbst immer
weniger zuzutrauen.

Verstehen Sie mich nicht falsch, nicht jeder muss die absolute
Erfüllung in seinem Job finden, und genauso, wie es zahlreiche
Ratgeber zum Sinn gibt, gibt es einige, wenn auch weniger, Bü-
cher, die einem erklären wollen, dass man aufhören soll, den

Sinn in der Arbeit zu suchen, sondern diesen nur privat finden kann. Arbeit sei ein schlichter Tauschhandel von Arbeitszeit und Geld, nicht mehr und nicht weniger. Marx hatte zwar nicht ganz unrecht, aber so kann doch keine Zukunftsvision eines guten Lebens aussehen. Ich kann mir vorstellen, dass das eine relativ unbefriedigende Aussage für so manch einen ist. Immerhin verbringen wir den Großteil unserer Woche mit der Arbeit, und dann soll die gar nicht Teil unseres persönlichen Sinns sein? Das wirkt mir doch eher unambitioniert.

Burn-in

Die Volkskrankheit Burn-out ist eine Tragödie sondergleichen. Trotz fortwährenden Fortschritts in der Digitalisierung und Automatisierung schaffen wir es, uns zu Tode zu arbeiten. Zum Glück hat sich einiges in der Wahrnehmung verändert, mittlerweile wird diese Krankheit ernst genommen. Früher hieß es noch: »Reiß dich halt zusammen.« Heutzutage ist es als klare Volkskrankheit anerkannt. Die Normalisierung von psychischen Problemen ist ein großer Fortschritt. Denn Stress führt bekanntlich zu allerlei Krankheiten von Bluthochdruck bis hin zu Übergewicht, und diese Belastung wird größtenteils durch die Arbeit verursacht. Wie kann es sein, dass wir immer mehr technische Hilfsmittel haben, um unsere Tätigkeiten zu erleichtern, aber zugleich unter immer mehr Arbeitsdruck leiden? Man könnte auch postulieren, es ist vielmehr ein Problem des eigenen Egos statt der Realität. Innerlich fragen wir uns dauernd, ob wir noch ein wertiger, guter und produktiver Mensch sind, wenn wir auf einmal nur mehr fünf Stunden am Tag arbeiten – obwohl wir doch dieselbe Menge an Arbeit verrichten.

Es ist schon lange nicht mehr der Leistungsdruck der eigenen Tätigkeit, sondern die Belastung, die wir uns selbst auferlegen. Fortschritt bedeutet, dass Sachen auch einfacher werden dürfen oder eben schneller verrichtet werden. Im Übrigen bedeutet es auch, zu hinterfragen, ob 40 Stunden für jeden Job die richtige Ordnungsmatrix ist. Es kann doch nicht sein, dass wir auf dem Weg in Richtung Zukunft immer mehr an unseren eigenen internen Erwartungshaltungen erkranken, wenn doch eigentlich alles immer besser wird. Der Burn-out hat sich also zum Burn-in gewandelt, und die einzige Therapie ist Reflexion und Introspektion. Viel Glück.

Beruf und Berufung

Eine neue, fantastische Arbeitswelt erwartet uns, sobald wir es endlich in die Berufung geschafft haben. Nur was ist eigentlich der Unterschied zwischen Beruf und Berufung?

Wir erkennen dies meistens leider viel zu spät, am Lebensabend. Untersuchungen bei Verwaltungsassistent:innen der University of Michigan hatten ergeben, dass 37 Prozent ihre Tätigkeit als Job ansahen, 33 Prozent als Berufung und 30 Prozent als Beruf mit Karriere. Das bedeutet, dass es selbst bei ähnlichen Tätigkeiten zu unterschiedlichen Auffassungen über die Natur der Tätigkeit kommen kann. In einem gewissen Maße ist Arbeit auch das, was man daraus macht. Das soll keinesfalls nach einem platten Motivationsrednerspruch klingen. Es zeigt es aber, dass der mentale Zugang zu einer Tätigkeit erhebliche Unterschiede machen kann.

Vielleicht an dieser Stelle ein unpopuläres Beispiel: Stress macht uns unzufrieden und krank, der Burn-in lässt grüßen.

Dabei kann man unterscheiden, ob es sich um positiven Stress, der vielleicht nur temporär ist, oder um ermüdenden Dauerstress handelt, der einen nur noch zermürbt. So kann positiver Stress in gesunder Dosis sogar unser Immunsystem stärken, hält der Stress aber zu lange an, mündet er allerdings in wirklich physische und psychische Beschwerden. So ist das Hormon Cortisol ein Begleiter von Stress, das uns ordentlich boostet. Wäre ja evolutionär durchaus unvorteilhaft gewesen, auf der Jagd eine Grippe zu entwickeln. Aber endlos können wir es leider nicht produzieren, weswegen sehr gestresste Leute physisch oft erst im Burn-out oder Urlaub erkranken. Jeder kennt diesen Zustand des Flows, bei dem wir ganz in unserer Arbeit aufgehen und einfach herrlich produktiv sind. Die nächste Deadline ruft zwar, aber wir freuen uns auf den Output, den wir liefern. Es macht sogar richtig Spaß, weil wir merken, wie effektiv wir in dem Moment sind. Wenn Sie beispielsweise ein großes Event planen, werden die letzten Tage davor in 99 Prozent aller Fälle unglaublich stressig sein. Den meisten Eventplaner:innen macht dieser Stress aber nichts aus, sie freuen sich auf das Ergebnis, und direkt nach dem Event ist alles wieder vergessen und man fällt sich freudig in die Arme. Wenn Sie jedoch eigentlich ein Buch schreiben wollen und ständig durch Kunden, die etwas von Ihnen wollen, aus Ihrem Flow gerissen werden, wirkt das zermürbend. Das Beispiel ist natürlich völlig frei erfunden. Beides ist als Stress zu verstehen, in seiner Essenz aber komplett unterschiedlich.

Insofern ist es Zeit, unser Abbild von Arbeit weitgehend zu überdenken, um den Beruf auch als Berufung wahrzunehmen. Die Lebenszeit ist zu knapp, um auf Positionen zu verharren, die das alte Absitzen von Zeit als Arbeit begreifen. Wir haben zu viel Fortschritt mit digitalen Technologien, neuen Unternehmenskulturen und Arbeitsnormen erlebt, um nicht für dieses Ziel zu kämpfen. In der alten Welt, in der die Anwesenheit der Maßstab für Produktivität ist, werden effiziente Personen mit mehr Arbeit bestraft. Nicht nur ist dieses Konzept nicht zukunftsfähig, es raubt auch jegliche Motivation, den Beruf zur Berufung zu machen, und kreiert Unmengen an negativem Stress. Manche Menschen erledigen ihre Arbeit in zwei Stunden, müssen sich danach den Rest des Tages erholen. Andere trinken genüsslich Kaffee, lassen sich zwischendurch ablenken und leisten dieselbe Tätigkeit in fünf Stunden. Gemessen werden muss der Output, das Ergebnis, nicht, wie viel Zeit in Anspruch genommen wurde. Die Arbeitszeit ist individuell, die Produktivität ist das Entscheidende. Ich möchte nicht konservativ klingen, aber Leistung muss sich eben lohnen – auf mehreren Ebenen.

Der wahre Sinn der Arbeit

Wagen wir ein kleines Gedankenexperiment.

Hurra, die Welt geht (wieder einmal) unter!

Stellen Sie sich vor, der Weltuntergang ist plötzlich da. Etwas dramatisch, aber stellen Sie sich zumindest vor, Ihr Mailserver ist einen ganzen Tag offline. Sie sind, ohne selbst daran schuld zu sein, unerreichbar. Spüren Sie die Ruhe? Plötzlich können Sie sich wieder konzentrieren. Oh, auch Slack, Teams und Zoom streiken. Sie sehen aus dem Fenster, und die ersten Bürohengste gehen plötzlich nach draußen, strecken die verspannten Muskeln und genießen den freien Tag. In Filmen wird

Arbeit meist auf zweierlei Arten dargestellt. Entweder fiebern Sie mit Don Draper aus *Mad Men* 14 Stunden, meist mit einem Glas Whiskey in der Hand, mit, wie er wieder mal die Firma rettet, immer am Rande des Nervenzusammenbruchs. Oder Arbeit wird als nerviger Bestandteil des Lebens dargestellt, schon der Montagmorgen lässt sich nur mit Aussicht auf das Wochenende meistern, und Lehrer wagen Selbstversuche, in denen sie nie wieder nüchtern unterrichten wollen. Jeder Radiosender, der »endlich Freitag«- und »wir bringen euch durch den Montag«-Musik spielt, ist stockkonservativ und verhärtet dieses gesellschaftliche Meme umso weiter. In einer wahrlich sinnmaximierten Welt lautet es wohl eher »Fuck Fridays!«. Aber zurück zum vermeintlichen Weltuntergang.

Was würde passieren, wenn heute die Welt stillstehen würde, weil weltweit gestreikt wird. Einfach jeder legt seine Arbeit nieder. Welche Berufe würden uns am schnellsten abgehen? Ich kann Ihnen schon einmal eines verraten, Sie werden sich nie wieder über Ihr volles E-Mail-Postfach Sorgen machen. Es wird Zeit, sich einmal ernsthafte Gedanken zu machen, welche Berufe wirklich sinnvoll für unsere Gesellschaft sind und welche einfach nur unnötig aufgeblasen werden. Vielleicht ereifern Sie sich noch an den Begriff »systemrelevant« – ist uns in den Lockdowns relativ oft begegnet. Um genau diese Berufe geht es. Im alten Rom gab es so etwas in Form einer Rebellion, bekannt als Secessio Plebis, die Sezession des Proletariats. Wenn die führende Kaste zu korrupt oder die Lohnverhältnisse untragbar wurden, gab es eine Arbeitsverweigerung, die ein Level über dem Streik war. Anstatt einfach eine Zeit lang den Tätigkeiten nicht nachzugehen, verließen die Arbeiter:innen einfach die Stadt und ließen die Reichen und Mächtigen alleine. Die brutalste Art des Generalstreiks, quer durch alle Berufe, die wir heutzutage als systemerhaltend kennen – es wird der Pausenknopf gedrückt. Dadurch wurde ersichtlich, welche Tätigkeiten essenziell für die Gesellschaft sind und dementsprechend auch entlohnt werden müssen. Sonst gäbe es auch noch die moderne japanische Variante, bei der die Busfahrer in ihrem Streik zwar weiterfahren, aber sich weigern, das Geld der Passagiere entgegenzunehmen. Das tut dort weh, wo es muss, nämlich bei Umsatz und Profit, aber nicht bei den Bürger:innen. Überraschend effektiv, wenn klar wird, wie wichtig die oft vergessenen Berufe für unser aller Wohlbefinden sind. Wenn das keinen extrinsischen Sinn bietet, zu sehen, wie wichtig man für das Funktionieren der Gesellschaft ist. Eine Sichtbarkeit von Selbstwirksamkeit sondergleichen. Um mit dem Klischee aufzuräumen, dass nur die tollen neuen digitalen Berufe einen mit Sinn erfüllen können, lohnt es sich zu untersuchen, wie schnell die Gesellschaft ohne gewisse Jobs den Bach runtergehen würde. Denn auch intrinsischer Sinn entsteht, wenn man sein Umfeld verbessert. Wir sind soziale Wesen, die gerne auch gebraucht werden. Im Umkehrschluss lässt sich der eigene Wert und somit gesellschaftliche Sinn durch den Streik ganz gut erspüren. Somit eine kleine Übersicht der Berufe, die weitaus mehr Sinn verleihen sollten, als das oft der Fall ist, und jene, die sich noch wandeln müssen, um ihn finden zu können. Sinnsuche ausschließlich als Elitenthema zu sehen ist nämlich pures rhetorisches Moralisieren, auch wenn es in jeder Talkshow als Totschlagargument wirken mag. Es sollte für jeden Berufsstand ein Recht auf Sinn geben.

Reinigungskräfte

Dass ihre Arbeit notwendig ist, muss ich wohl niemandem erklären. Wenn unsere Welt nicht mehr sauber gehalten wird, hat dies ernsthafte Auswirkungen auf die öffentliche Gesundheit. Nur zu bekannt sind die Schauergeschichten, wie die Pest Einzug in die Städte gehalten hat. Aber das ist kein Phänomen der Vergangenheit. Anfang dieses Jahres haben die Straßenreiniger:innen in Salt, einer kleinen spanischen Stadt, die Arbeit niedergelegt. Die Müllberge, die sich vor den Häusern stapeln, werden nicht entsorgt, teilweise müssen unter Polizeischutz Müllwagen aus anderen Gemeinden eingefahren werden, um für etwas Ordnung zu sorgen. Das hat weite Folgen, die Innenstadt ertrinkt im Müll, einige Bewohner:innen haben die Gelegenheit genutzt und werfen alte Matratzen und Co. auch einfach auf die Straße, es kontrolliert ja eh niemand. Auf einen Restaurantbesuch oder Shoppingtrip in der Innenstadt hat nun aber keiner mehr Lust, und Salt mutiert zur Geisterstadt. Ein solches Szenario könnte sich bereits ein paar Tage nach Streikbeginn überall einstellen.

Spedition/LKW-Fahrer:innen

Sie sind die Ersten, deren Job wegfallen wird. Man hat einer ganzen Berufssparte den Kampf angesagt und sie bei lebendigem Leib begraben. Und, to be fair, autonom fahrende LKWs brauchen keine Pausen, bauen keine Unfälle und können zu jeder Zeit arbeiten. Was passiert mit der wichtigen Sparte der Spedition, wenn die ganze Welt streikt? Bisher war das kaum der Fall, sind doch weniger als 20 Prozent der LKW-

Fahrer:innen in Deutschland Teil einer Gewerkschaft, die es erst ermöglicht, sich zu organisieren. So entsteht kaum politische Macht, zudem verlief eine Streikaktion in den 1980er-Jahren eher unglücklich und endete in Schadenersatzzahlungen in Millionenhöhe. Wenn Lastwagen für ein paar Tage nicht mehr mitmachen würden, ginge Tankstellen der Kraftstoff aus, Geldautomaten hätten kein Bargeld mehr, Banken könnten keine Transaktionen mehr abwickeln, die Vorräte an Lebensmitteln und Wasser würden verschwinden, und der Müll stapelte sich in den Städten und Ortschaften. LKW-Fahrer:innen sind die Arterien der globalen Wirtschaft, ohne die wir wirklich nicht gerne leben würden.

Pflege

Es ist fünf nach zwölf. Unter dem Motto gingen 2021 zahlreiche Pflegekräfte in Tirol auf die Straße. Kaum neue Arbeitskräfte und zahlreiche Kündigungen, teils von langjährigen Angestellten. Den permanenten Ausnahmezustand kennen sie nur zu gut, immerhin ist es ihr Alltag. Und während Krankenhäuser für einen Stromausfall dank Notaggregate gerüstet sind, sieht es bei ihrem Personal schon anders aus. Niemand will von einem Roboter gepflegt werden. So wie die demographische Verteilung in der westlichen Gesellschaft aussieht, werden wir verdammt viel Pflegekräfte brauchen. Denn wir leben immer länger, die Alten werden immer mehr. Ohne diesen Berufsstand ist das Altern in Würde unmöglich. Ein Knochenjob, der zugleich zwischenmenschliches Feingefühl benötigt und gesellschaftlich unabdingbar ist. Wenn Empathie nicht sinnstiftend ist, weiß ich auch nicht mehr weiter.

Erzieher:innen/Lehrer:innen

Was passiert, wenn wir uns wieder selbst permanent um unsere Kinder kümmern müssen, haben wir vor zwei Jahren gelernt. Und wer möchte das wiederholen? Eben. Wie kann es also sein, dass wir denen, die sich um unser Wichtigstes kümmern, so wenig bezahlen, ihnen so wenig Wertschätzung zeigen? Diese Menschen rüsten die nächste Generation, unsere Kinder, für die Welt von morgen. Das ist an Sinnhaftigkeit kaum zu übertreffen.

Influencer:innen – Sinnfluencer:innen

Sogar das vermeintlich komplett narzisstisch dominierte Feld der Influencer:innen könnte einen Sinn haben. Grundsätzlich war dieser Beruf eine gute Angelegenheit. Menschen, die einem ähnlich sind, denen wir digital vertrauen, probieren Produkte für uns aus und helfen uns, Kaufentscheidungen zu treffen. Personen, die Testimonials abgeben, denen man sogar glauben kann. Dass es natürlich nicht sehr vertrauenserweckend ist, wenn mein:e Lieblingsinfluencer:in immer nur Produkte einer Marke vorführt und diese immer unglaublich toll findet, beschreibt, warum dieser Job nicht mal mehr als Beruf ernst genommen wird. Dass eine Welt, in der alle Influencer:innen streiken, als durchaus angenehm angesehen werden würde, ist nicht überraschend. Aber auch dieser Beruf kann wieder Sinn finden. Wenn er zurück zu seinen Wurzeln findet und diese Testimonials mit ökosozialen Parametern ausstattet, hätte er wahrlich einen Sinn. Sie könnten bei Kaufentscheidungen helfen, genuin nachhaltige Produkte zu finden, etwas, das vor allem die junge Zielgruppe sucht – vom Influencer zum Sinnfluencer.

Einzelhandel

Der Einzelhandel hatte es nicht leicht in den vergangenen Jahren. Abwechselnd Besucherströme auf die Supermärkte und leere Geschäfte in den Innenstädten. Ich glaube, wir sind uns alle einig, dass es Personal an den Kassen in zehn Jahren so nicht mehr geben wird. Abgesehen von einigen charmanten Initiativen, wie der Plauderkasse, an der sich einsame Menschen mit dem oder der Kassierer:in austauschen können. Self-Check-Out an der Kasse ist nun wirklich nicht so schwer, und Supermärkte, bei denen die Produkte automatisch gescannt werden, sobald sie in unserer Einkaufstasche landen und von unserem Konto abgezogen werden, wenn wir den Supermarkt verlassen, sind keine Neuigkeit mehr. Ich bitte euch, wir haben den armen Kassierer:innen sogar einen Robotersound verpasst, jedes Mal, wenn sie ein Produkt über die Kasse ziehen, bitte geben wir ihnen menschenwürdigere Aufgaben.

Eine Möglichkeit, statt stetig Produkte aus dem Lager ins Sortiment zu räumen, wäre die des oder der Kaufberater:in. Ich gehe in den Laden, ohne Plan, wie ich mein neuestes DIY-Projekt denn eigentlich umsetzen soll, und der oder die Kaufberater:in weiß genau, was ich dazu brauche. Quasi ein:e Problemlöser:in, bei dem oder der nebenbei auch noch ein nettes Gespräch entsteht. Ein:e Kurator:in, eine durchaus wichtige Rolle, ertrinken wir doch langsam in den endlosen Optionen des Konsums.

IT-Nerd, den keiner mag

Oh weh. Alle streiken, und Sie hacken noch auf dem ITler Ihrer Firma herum, weil Ihre Online-Konferenz nicht funktioniert. Der Arme. Wird nur gerufen, wenn es absolut dringend ist, und ansonsten nicht beachtet. In der digitalen Wirtschaft ist sein Beruf so sinnvoll wie sonst nur wenige. Händeringend suchen Firmen nach den unverzichtbaren IT-Nerds. Wichtig ist aber, dass diese Berufe nicht den Anschluss und Bezug zur nicht digitalen Welt verlieren. Wenn sie nur mehr mit den Robotern und nicht mehr mit den Menschen kommunizieren können, haben wir ein Problem. Für die Gesellschaft und den Fortschritt sind diese Berufe essenziell, und das nicht nur als angeblich autistische Nerds, die den Rechner oder das WLAN reparieren. Behandeln wir sie dementsprechend, sie programmieren eines Tages schließlich unsere robotischen Overlords.

Banker/Versicherungsvertreter

In unsicheren Zeiten sehnen wir uns nach Sicherheit – Bedürfnispyramide und so. Das ist das Business der Banken und Versicherungen. Sie haben eine ganz zentrale gesellschaftliche Funktion. Vertrauen und Sicherheit werden in der Zukunft ein Thema sein, denn die Krisen werden nicht verschwinden. Problematisch ist es nur, wenn die Versicherer weiterhin versuchen, Menschen völlig überflüssige Versicherungen anzudrehen. Diese Berufe müssen sich zu individuellen, vertrauenerweckenden Risikomanager:innen wandeln. Viele sind es vielleicht bereits, aber der Berufsstand ist aufgrund einiger geldgeiler Idioten ziemlich in Verruf geraten, schade, denn er hätte unglaublich viel Sinnpotenzial. Zeit für eine Rehabilitation, denn Ängste und Risiko sind zentrale Bausteine des Menschseins, heute und übermorgen.

Hotellerie/Gastronomie

In einer mobilen Welt, in der wir hoffentlich noch viel reisen werden, ist Gastfreundschaft unglaublich wichtig. Leider haben viele touristische Regionen sehr negative Dynamiken zwischen Anwohnern und Gästen entwickelt. Die Tagestouristen sind da, um ausgenommen zu werden, schnell melken, die bleiben sowieso nicht. Um hier den dringlichen Sinn wiederzufinden, gilt es, dass sich Menschen in der Hotellerie, aber auch Gastronomie wieder auf ihre Rolle als Gastgeber:in zu besinnen. Diese Branche, die wirklich schon knapp an der Sklaverei durch Saisonarbeit kratzt, muss sich reformieren. Es gibt viel Sinn zu finden, wenn man anderen Menschen schöne kulinarische Erfahrungen bietet oder ihnen den Austausch mit einem neuen Ort oder der Kultur vor Ort beschert. Hospitality zu Englisch, auf Deutsch Gastfreundschaft, wird in dieser Branche in Zukunft viel Sinn stiften. Es gehören natürlich zwei dazu, auch wir Konsument:innen müssen das noch lernen. Wertschätzung ist keine Einbahnstraße.

Was lässt sich hieraus ableiten? Sinn ist kein Elitenthema. Denn gerade Berufe, die keinen Platz im öffentlichen Diskurs und keine Lobby oder große Marketing-Teams haben, die sich um deren Corporate Identity kümmern, stiften mitunter den meisten Sinn – denn sie halten die Welt zusammen. Viel sinnvoller geht es doch kaum. Oft ist es mehr ein Kommunikationsproblem, eine Frage des Framings, als dass der Beruf nicht sinnstiftend sein könnte. Dass das noch nicht in den Köpfen aller angekommen ist, zeigten die Begeisterungsstürme für die tapfere Arbeit der Pflegekräfte während der Pandemie. Jeden Abend wurden sie freudig beklatscht und ihnen das Blaue vom Himmel versprochen. Zwei Jahre später ist kaum etwas passiert. Die Zahlen an ausgebrannten Pflegekräften steigen weiter enorm an, während Manager freudig die Umsatzzahlen des neuen Quartals feiern und Corona für beendet erklären. Vielleicht sollten wir in Zukunft lieber sie beklatschen und den anderen ihre Boni auszahlen, das wäre doch mal etwas. Mit einem adäquaten Gehalt lässt sich der Selbstwert etwas leichter spüren, ein bisschen Ego braucht man eben auch, um den gesellschaftlichen Wert, Verantwortung und in letzter Konsequenz Sinn zu finden. Ein Recht auf Sinn wäre doch etwas für die Verfassung, und wenn das zu weit geht, dann sollte es zumindest Eingang in Unternehmensmanifeste finden.

Lebenslanges Lernen

Willkommen im Informationszeitalter

Statistisch gesehen werden wir immer intelligenter. Okay, so manch Querdenker bemüht sich, mit allen Kräften dagegenzuhalten und uns das Gegenteil zu beweisen, aber weniger Armut, Hungersnöte und der steigende Zugang zu Bildung lassen sich nicht durch ein paar Protestmärsche aufhalten. Unsere IQ-Punkte sind im Schnitt zwischen 1909 und 2013 um vier Punkte im Bereich der fluiden Intelligenz gestiegen. Die fluide Intelligenz ist für logische Schlussfolgerungen verantwortlich. Bei der kristallinen Intelligenz, die uns dabei hilft, Wissen über die Welt zu sammeln, konnten wir zwei Punkte mehr erzielen. Der sogenannte Flynn-Effekt – benannt nach dem neuseeländischen Politologen James R. Flynn – besagt, dass wir bis ins Jahr 2013 immer klüger wurden. Und jetzt?

In der Tat wurde diese Steigerung in Ländern wie Schweden und Norwegen stark gebremst, in anderen Ländern, wie Finnland, Frankreich, Dänemark, Österreich und Deutschland, geht der Wert sogar zurück. Haben die Querdenker also doch gewonnen? Fuck. Aber ich kann Sie beruhigen, ganz so dramatisch ist es nicht. Mit der Intelligenz ist es nämlich so wie mit dem Wirtschaftswachstum, irgendwann sind die Märkte gesättigt und eventuell die alten Parameter nicht mehr zutreffend. Wir sind so gut ausgebildet, haben genug zu essen und keine permanente Angst, von einem Hurrikan überrollt zu werden. Information an sich ist weniger wert als früher, wir müssen nicht mehr in Bibliotheken, sondern nur in die digitale Suchmaschine unseres Vertrauens. Wie wir dort die richtigen Fakten finden und korrekt verknüpfen, wird allerdings immer wichtiger, eine Thematik für das Bildungssystem, das wir zu einem späteren Zeitpunkt noch in die Mangel nehmen werden. Wir haben auch unsere räumliche Wahrnehmung aufgrund der Digitalisierung schlicht vernachlässigt. Wer braucht denn auch Streckenkenntnisse, wenn es ein Navi gibt? Eventuell stellen wir eher die falschen Fragen, als dass wir immer dümmer werden.

Wir haben das gesamte Wissen der Welt jederzeit in unserer Hosentasche und fühlen uns doch immer weniger informiert, hängen gehetzt vor ewigen Newstickern und versuchen verzweifelt, wahre Neuigkeiten von Fake News zu unterscheiden.

Zeit, den Megatrend Wissenskultur einmal neu einzuordnen. Wissenskultur beschreibt den weltweiten Zuwachs an Wissen: Der globale Bildungsstand ist so hoch wie nie und wächst fast überall weiter. Durch das Internet verändern sich unser Wissen über die Welt und die Art und Weise, wie wir mit Informationen umgehen. Bildung wird digitaler. Kooperative und dezentrale Strukturen zur Wissensgenerierung etablieren sich, und auch unsere Erkenntnisse über Entstehung und Verbreitung von Wissen nehmen zu.

Wir leben im Informationszeitalter und sehen uns damit konfrontiert, die immensen Mengen an Wissen neu zu kategorisieren, um uns ein konkretes Bild der Situation machen zu können. In unserem Arbeitsalltag stehen wir aber meist noch einem völlig veralteten Verständnis von Wissen gegenüber. Denn hier herrschten noch Industriezeitalter und der Wunsch nach Effizienz. Hauptsache, keine Fehler oder Informationslücken zugeben, und wehe, die andere Abteilung erhält einen Vorteil durch unsere Vorarbeit. Knowledge Hiding ist ein weit verbreitetes Phänomen und wird häufig von oben weitergegeben und durch interne Rankings und Boni, die rein nach erzieltem Umsatz vergeben werden, weiter geschürt. Es ist im Grunde eine Ausformung des ewigen Einzelkämpfertums, das uns so oft gepredigt wurde. Man versteckt Informationen vor anderen, um selbst einen Vorteil zu haben. Keine Frage, dieses Phänomen ist schadhaft für jede Organisation und weitaus verbreiteter, als wir glauben. Es kann unter anderem durch extreme Hierarchien befeuert werden, weil man divergente Informationen und Meinungen erst gar nicht preisgeben möchte, da man überzeugt ist, es wird einem dann sowieso kein Gehör geschenkt. Eine Konsequenz ist nicht nur ein Misstrauen in die Organisation, sondern auch reduzierte Innovationskraft.

Achtung, Boomer, die junge Generation hat darauf keinen Bock mehr. Co-Working ist gekommen, um zu bleiben, und rüttelt ordentlich am veralteten Wissensmanagement. Knowledge Sharing, auch über Abteilungen hinweg, ist der beste Weg, um der Komplexität der Moderne gerecht zu werden. Achtung, ein weiterer Trendbegriff! Die Coopetition, eine Mischung aus Konkurrenz (competition) und Kooperation macht möglich, wovon viele nicht zu träumen gewagt hatten. Denn plötzlich schließen sich vermeintliche Konkurrenten zusammen, ziehen gemeinsam an einem Strang. Obwohl Knowledge Hiding zwischen Unternehmen einem Konkurrenzverhältnis doch eigentlich sinnvoll wäre. Aber die Herausforderungen unserer Zeit brauchen auch neue Kooperationsmodelle. Denn jeder hat Know-how in einem unterschiedlichen Gebiet, und gemeinsam kommen wir am schnellsten zur Lösung. So können gesamtgesellschaftliche Probleme, wie die schnelle Suche nach einem passenden Impfstoff, zügig gelöst werden. Davon profitieren schließlich alle. Auch die Zusammenlegung der Car-Sharing-Flotten zweier großer deutscher Autokonzerne, die historisch brutale Konkurrenten waren, hatte einen Mehrwert für Unternehmen und Kunden. So einfach kann es gehen. Namen nenne ich aus Höflichkeit nicht. Es ist dringend Zeit, unser komplett darwinistisches Wirtschaftsdenken abzulegen, sonst kriegen wir komplexe Krisen wie den Klimawandel nicht bewältigt. Und wer das immer noch nicht verstanden hat, der möge bitte noch einmal das letzte Kapitel lesen.

Wissenschaftler:innen, mitunter Nerds, waren während der Corona-Krise die neuen Popstars – bis sie plötzlich Personenschutz brauchten. Der ständige Drang nach Verifizierung der Informationen holt sie aus ihren stillen Kämmerchen raus aus ihren Laborkitteln in die Talkshows der Welt. Sie können es sich auch schlicht nicht mehr leisten, aus ihrem Elfenbeinturm zu senden und darauf zu hoffen, möglichst häufig zitiert zu werden. Publikationszwang und dauernde befristete Arbeitsverträge machen ihnen das Leben abseits der Bühne auch nicht mehr unbedingt schmackhaft. Die große Gefahr mit der Öffentlichkeit ist aber jene, dass auch denen eine Bühne geboten wird, die nur auf Krawall und Marktschreierei aus sind. Da hilft es auch nicht, die Wissenschaft und belegbare Fakten auf seiner Seite zu haben, denn »kritisches Denken« wurde einerseits salonfähig und leider auch zum Unwort des Jahres gemacht. Denn zeugt es keineswegs von Kritikfähigkeit, immer abstrusere »Fakten« zu präsentieren und immer tiefer zu versinken, *deep down the rabbit hole*. Immer mit dem Recht auf Meinungsfreiheit im Rücken. Es ist schwer, heute Wissenschaftler:in zu sein, und doch wichtiger denn je. Denn wir brauchen Leute, die uns dabei helfen, diese geballte Komplexität einzuordnen. In Konsequenz der Fridays-for-Future-Bewegung mussten Universitäten neue Studienzweige aufmachen, es gab einen regelrechten Ansturm auf diese Fächer. So sieht man, der Wille ist da. Und auch wenn wir wahlweise Virologen, Kriegsminister oder auch Fußballtrainer sind, es braucht Profis, die uns den Weg durch den Dschungel der Fake News aufzeigen.

Lebenslanges Lernen

Berufe ändern sich schneller als je zuvor – zumal wir immer schneller an Informationen gelangen, abseits klassischer Bildungswege. Das versteckte Wissen in dem Hirn unseres oder unserer Lehrer:in oder Ausbilder:in kann ich mir auch auf Youtube von einem Inder mit lustigem Akzent in zehn Prozent der Zeit anhören. Was wir in der Schul- und Studienzeit lernen, ist für die Arbeitswelt von heute kaum zu gebrauchen, für die von morgen nur mit ungenügend abzustrafen. Kein Wunder, dass Unternehmen mittlerweile weitaus mehr auf Erfahrung statt auf Titel setzen – die bringen wahrlich herzlich wenig. Schade um die ganzen Abschlüsse, die sich oft wertlos anfühlen – aber zumindest hatte man in der Studienzeit ein bisschen Spaß. Das Zusammenspiel zwischen Ausbildung und Berufswelt ist also wirklich ins Wanken geraten. Wir bilden Leute für einen Arbeitsmarkt von vor 40 Jahren aus, beklagen uns in der Gegenwart über Fachkräftemangel und vergessen einfach mal die Zukunft, irgendwie wird's schon funktionieren. Das System, sich bis Mitte zwanzig für einen Beruf auszubilden, diesen brav auszuüben, bis man von der Rente erlöst wird, ist nicht mehr funktionsfähig, dennoch versuchen wir Menschenleben in drei starren Phasen zu erfassen: Ausbildung, Arbeitsleben und dann Rente. Die Belohnung für harte Arbeit ist das Ende der Arbeit. Wenn das weiterhin die Zukunft sein sollte, müsste man den Spieß doch umdrehen. Die ersten 40 Jahre als Rentner verbringen, das Leben genießen, wenn man noch jung und fit ist, und dann bis zum Lebensabend arbeiten. Das ist freilich Ironie. Aber für eine Gesellschaft, die intensiv nach Sinn im Leben sucht, gilt die Arbeit nach wie vor als eine Menge verschwendeter, wenn nicht durchlittener Lebensjahre. Es gibt aber immer mehr Jobwechsel, Lebensphasen haben sich verdichtet und beschleunigt. Die industrielle Dreifaltigkeit von jung sein, arbeiten und sterben funktioniert nicht mehr. Um zu verstehen, wie integral und notwendig das lebenslange Lernen für das individuelle Glück sowie den beruflichen Erfolg ist, müssen wir ein realistisches Abbild einer modernen Biographie bekommen. Denn es hat sich einiges verändert, auch wenn wir geistig noch in der Welt des 20. Jahrhunderts festhängen.

Bis zum 23. Lebensjahr sollen wir im Schnitt einen Job gewählt haben, den wir bis in die mittleren 60er machen müssen – inklusive Ausbildung. Zum selben Zeitpunkt müssen wir im Übrigen geheiratet, zwei Kinder und ein Einfamilienhaus auf dem Weg haben – sonst sind wir schlechte, unproduktive Menschen. So lautete das Abbild eines guten Mitgliedes der Gesellschaft, eines tüchtigen Preußens in der guten alten Arbeitswelt des 20. Jahrhunderts. Dann durfte man 40 Jahre lang Geld für den Chef machen, in der Fabrik, Mine oder im Büro, völlig egal, die Hierarchien gab es überall zuhauf. Hauptsache, derselbe Job am selben Ort, bis zur Rente. Aber obwohl es hart war, in sehr jungem Alter schon beladen mit Verantwortung und Leistungsdruck, lohnte es sich. Wenn man durchhielt, gab es Belohnungen. Das Gehalt stieg alle zwei Jahre, man konnte in der Rangleiter emporsteigen, eines Tages selber mal Chef:in sein und gut abräumen. Mit 65 hatte man dann auch schon gut etwas angespart, sich den Ruhestand quasi verdient. Dann gibt's noch ein paar Jahre Caipirinhas am Strand, bevor es ins Altenheim und schließlich in die Grube ging. Tolles Lebensmodell, nur ein bisschen schade, dass man den größten Teil seines Lebens an die Arbeit verschenkte – aber es lohnte sich eben. Das ist die Durchschnitts-Biographie der Welt von gestern – leicht verkürzt und mit einem Augenzwinkern.

Anhand dieser drei Segmente versuchen wir nach wie vor, Menschenleben zu erfassen: Bist du jung, arbeitest du, oder bist du pensioniert? Das ist nicht mehr zeitgemäß, das ist uns allen klar. Aber die Rahmenbedingungen von Arbeitsrecht bis Pensionssystem erwarten noch immer, dass wir so über Menschenleben denken. Vor allem versuchen wir uns anhand der mittleren Phase, der der Arbeit, zu definieren. »Wer bist du, was machst du so?«, so lautet eine direkte Frage nach der beruflichen Tätigkeit, um mal gleich den gesellschaftlichen Wert des Gegenübers abzuschätzen. Deswegen kommt »Vollzeit Hartz-4-Empfänger:in« dann als Antwort meistens nicht so gut rüber – vor den neuen Bekanntschaften oder den Schwiegereltern. Es ist also verdammt nochmal Zeit, unsere biographischen Modelle an die moderne Realität anzugleichen, und dafür reichen eben nicht nur drei Phasen.

Zeit für das Zeitalter der Multigraphien

Jede:r, der oder die selbst mal eine gute pubertäre Rebellion durchgemacht hat, weiß, dass Jugend und Post-Adoleszenz auf jeden Fall voneinander getrennt werden sollten. Wir sind mit 18 nicht mal ansatzweise reif. Vor allem junge Männer brauchen wesentlich länger – das Hirn ist vielleicht mit 25 halbwegs funktionsfähig. Der präfrontale Kortex ist dann eben erst ausgewachsen, der Teil des Gehirns, der sich mit dem Belohnungsaufschub und der Selbstkontrolle auseinandersetzt. Durchaus eine Region, die funktionsfähig sein sollte, wenn man sich die großen Fragen des Lebens stellt. Insofern ist es ganz sinnvoll, die Ausbildungsphase in zwei Etappen zu teilen. Kindheit und Jugend wird gefolgt von der Postadoleszenz. Hier finden wir uns selbst, die Welt ist schnell und komplex, wir sind hoch individualisiert, und die Optionen, was wir werden wollen, weitaus vielfältiger – also müssen wir auch länger suchen. Ein Blick auf die Scheidungsraten lehrt, dass Heiraten und Kinderkriegen mit 23 vielleicht doch nicht so schlau ist. Deswegen tun wir das im Schnitt heutzutage viel später. Davor ist es Zeit für die Rush-Hour, die Zeit, in der ordentlich gearbeitet und nach Sinn gesucht wird. Da die Einstiegsgehälter so erbärmlich niedrig sind und die Häuser so teuer, müssen wir ja auch ein bisschen länger Geld scheffeln, bevor wir uns eine Familie leisten können. Sobald mal ein paar Jobwechsel durch sind, ist es aber dann doch Zeit: die Selfness-Phase. Hier konzentrieren wir uns auf unsere Familie, versuchen mit Work-Life-Balance oder -Blending ein Familienbild hinzukriegen, bei dem Vater sowie Mutter etwas von Familie und Berufswelt haben. Oft haben wir lange davor versucht, uns zu finden. Sei es durch Reisen, Beziehungen oder verschiedene Jobs. In der Selfness-Phase ist das Thema dann durch, wir haben die großen Fragen des Lebens bearbeitet (nicht gelöst) und Fokussieren uns auf uns selbst im kleineren sozialen Kreis. Wir haben unsere Identität für diesen Lebensabschnitt gefunden. Deswegen wird hier oft die Familie gegründet, haben wir doch im Schnitt heutzutage weitaus später Kinder als früher. Sind die kleinen Menschen endlich flügge, ist es Zeit für die zweite Phase des Arbeitslebens. Es wird nochmal Party gemacht, nichts mit Pension – die kann warten. Und es ist auch nicht so schlimm, wenn die Kinder wieder einziehen – ist der Wohnungsmarkt doch brutal –, solange sie auch ein bisschen im Haushalt mithelfen. Generationsübergreifendes Wohnen erlebt ein kleines Comeback. Hier ist also die Phase des zweiten Aufblühens, des Welt- & Selbsterkundens. Abschließend gibt es dann noch die Weisheitsphase, die wir normalerweise als Rentner kennenlernen. Lebenserfahrung, Ruhe und Entspannung sind nicht das Schlechteste. Denn Altern lohnt sich, mit 60 sind wir heutzutage noch nicht auf dem Weg ins Grab, sondern (hoffentlich) ein sogenannter Silver Ager. Pro Generation verhalten wir uns im Schnitt nämlich knapp acht Jahre jünger als die vorherige. Das sieht man schon daran, wie 60-Jährige heutzutage aussehen. Wir sind dank Fortschritten in Gesundheitsvorsorge und Medizin länger fit, können reisen, Sport treiben, aktiv sein. Wir geben den Jahren mehr Leben, wenn man so möchte. Allein dadurch, dass die Arbeit weniger physisch und meist sicherer geworden ist, lässt sich schon einiges an Lebensenergie konservieren. Alter und Gesundheit lassen sich schon auch oberflächlich biologisch erkennen sowie in der Psyche. Entgegen allen Klischees werden wir mit dem Alter immer glücklicher, nicht grantiger. Die Zeit, in der es uns, gemäß unserem selbst definierten Wohlergehen – am schlechtesten geht, ist zwischen 25 und 35, wenn wir uns in der Stressphase von Karriere und Familie befinden. Danach wird es besser, zeigt die Statistik. Denn Phänomene wie Stress, Sorgen und Ärger nehmen ab 35 ab. Wir dürfen uns darauf freuen, wenn es für uns als Individuum so weit ist. Sogar Omas bereisen die Welt, sind bis 70 locker noch aktiv auf dem ganzen Globus in freundlichen Reisegruppen. Vermehrt sind wir zu diesem Zeitpunkt auch noch von schweren physischen Leiden verschont, die Jobs, in denen man sich frühzeitig zu Tode gearbeitet hat, werden immer mehr von Robotern übernommen. Im Vergleich zu 40 Jahren Knochenarbeit in einer Mine oder einer Fabrik ist doch eine Menge geschehen, wir leben länger, aktiver und gesünder. Unser Dreistufenmodell – ausbilden, arbeiten, sterben – ist somit komplett überholt, es bleibt uns am Ende noch viel zu viel aktive Lebenszeit.

Im Sechsphasen-Modell gibt es also durchaus mehr Übergänge als früher. Doch jede Transformation bringt unweigerlich etwas mit sich, das wir sehr gerne vermeiden: Krisen. Wir haben mehr Krisen im Leben. Haben Sie sich nicht schon dabei erwischt, zu glauben, eine Quarter-Life-Crisis zu haben? Das ist durchaus wahrscheinlich, dafür muss man sich nicht schämen. Im alten Dreiphasenmodell gab es nur zwei Übergänge, also nur zwei Krisen. Die erste war Familiengründung, Einfamilienhaus, Jobbindung, Ehe, im Schnitt mit 23 – das darf man getrost als Krise bezeichnen. Dann der zweite Übergang, meist gegen Ende der Arbeit mit Blick in die Pension und hier die erlaubte Midlife-Crisis: noch einmal heiraten, Sportwagen kaufen und so ... Es ist der Gedanke, dass es das gleich gewesen sein soll, mit der »Lebensphase«, der uns oft in die Krise stürzt. Wir sind zu dem Zeitpunkt ja nur mehr eine Stufe vom Ende entfernt. Mein Leben lang gearbeitet, jetzt wartet bloßes

Nichtstun auf mich? *Is this all that there is to life?* Deswegen ist die Midlife-Crisis, auch wenn sie oft mit Familiengründung und Arbeit verbunden ist, mit der letzten Lebensphase eng verknüpft. Denn wir haben uns nun in das Vorzeigemodell eingelebt und hinterfragen, ob das wirklich der Sinn des Lebens ist. Wir spüren, die Zeit wird knapp, deswegen gibt es dann immer solche massiven biographischen Ausreißer, weil wir diesen Wandel lang aufgestaut haben.

Heutzutage haben wir mehr Krisen, dafür sind sie in der Regel nicht ganz so dramatisch. Denn steter Wandel macht uns resilient, also krisenfest. Klar, man kann die Lebenskrisen vermeiden und sein Leben lang pubertär bleiben oder nie in die Selfness-Phase kommen, weil man nur am Saufen und Feiern ist – aber zu empfehlen ist es nicht. Grundsätzlich sollte es ein Ziel sein, von der Jugend zur Weisheit zu gelangen – und durch alle Krisen am Weg zu wachsen. Sie nicht zu vermeiden, sondern sich sogar fast darauf zu freuen. Jedenfalls ist festzustellen, dass die Biographien diverser, beschleunigter sind, vielschichtiger – nur was hat das mit lebenslangem Lernen zu tun?

Im alten Dreiphasenmodell funktionierte das Lernen am Anfang des Lebens noch sehr gut. Eine Ausbildung gleich am Anfang des Lebens, darauf sind Schule und Universität ja ausgelegt. Ältere Menschen in Hörsälen sind zum Glück langsam entstigmatisiert, aber keinesfalls die Norm. Die Jobanforderungen ändern sich zunehmend, wodurch das in der Schule Gelernte auf dem Arbeitsmarkt schon wieder überholt ist. Durch immer diversere Lebensphasen verändert sich unsere Sichtweise darüber, wo wir wann leben und arbeiten wollen. Dadurch erklären sich zu einem gewissen Grad auch die immer höheren Jobwechselraten, die zu viel Frustration in der Unternehmenswelt geführt haben. Mehr Lebensphasen, mehr Krisen, mehr

Wandel, mehr Jobs. Das bedeutet gleichzeitig, dass wir uns immer wieder weiterbilden müssen, um mithalten zu können. Anstatt alles Lernen und Ausbilden an den Anfang des Lebens zu stellen, wird es künftig ein kontinuierlicher Prozess. Wenn die Rente nicht mehr das alleinige Ziel ist, warum auch nicht sich immer weiterbilden, um dem Job nachzugehen, der in die eigene Lebensphase passt? Gute Arbeitgeber:innen müssen das erkennen und dementsprechend Weiterbildungsprogramme anbieten, das haben viele auch schon verstanden. Viel wichtiger ist aber, dass man nicht sofort beleidigt ist, wenn jemand den Job wechselt. Oft ist es nichts Persönliches, sondern eben eine Krise beziehungsweise der Übergang zu einer neuen Lebensphase. Statt diese Menschen zu verteufeln und sie als disloyal zu schmähen, wäre es vielleicht schlauer, eine Art Alumniprogramm aufzuziehen. Die Deutsche Bahn hat dieses Prinzip nun eingeführt und bleibt in regelmäßigem Kontakt mit Menschen, die das Unternehmen verlassen haben, ganz ohne Kränkung und Schmollerei. Es hat den Vorteil, dass sie im Idealfall die Fortbildungskosten dieser Menschen externalisieren – das müssen die anderen Unternehmen decken.

Wie gut ist es eigentlich, wenn die Person ein paar Jährchen in einer anderen Branche oder sogar bei der Konkurrenz arbeitet und mit diesem Wissen und dieser Inspiration wieder zurückkehrt? Es ist ein Versuch, die Negativspirale zu brechen, bei der traurige Einstiegsgehälter gezahlt werden, weil der oder die Arbeitnehmer:in doch sowieso in zwei Jahren wieder weg ist. Diese Person fühlt sich dann natürlich nicht wohl oder wertgeschätzt und verlässt noch viel wahrscheinlicher das Unternehmen. Wir sind an dem Punkt angekommen, wo nur durch eine Kündigung überhaupt ein Gehaltsanstieg möglich geworden ist, kein Wunder, dass es Loyalitätsprobleme gibt. Wenn wir verstehen, wie moderne Lebensläufe nun funktionieren, ist nicht jede Kündigung etwas Persönliches. Das Zeitalter der Biographie, basierend auf dem alten Modell, ist vorbei. Es ist Zeit für Multigraphien, in der wir uns unser Leben lang weiterbilden, lernen, forschen und uns wandeln. Klingt zwar anstrengend, ist aber so.

Sind Sie digital verblendet?

Digitalkompetenz – das Wort klingt so gar nicht danach, wie brennend aktuell es eigentlich ist. Deutschland erlebte in den letzten zwei Jahren einen (unfreiwilligen) Digitalisierungsschub. Während immer mehr Unternehmen erkannt haben, dass es ohne die verpönte Digitalisierung doch nicht klappt, stecken einige noch in der Ära des Faxgeräts fest, von denen es nach wie vor erschreckend viele gibt, wie uns zum Beispiel die Gesundheitsämter während der Corona-Krise gelehrt haben. Die Augen also einfach zu verschließen und zu hoffen, dass bald alles so »wie davor« wird, ist keine sinnvolle Methode. Auf jedes Unternehmen, das noch in den 8oern steckengeblieben ist, kommen zehn, die auf jeden neuen Hype aufspringen. Keine Sorge, Sie brauchen keine VR-Brille im Büro und ein digitales Office, um Ihre Angestellten bei Laune zu halten. Der virtuelle Obstkorb schmeckt eh nicht so geil. Ein gutes Kommunikationstool, das allen gefällt und von allen gut zu bedienen ist, reicht völlig aus.

Es gibt eine Tendenz zur sogenannten Löseritis, dem unaufhaltbaren Willen, digitale Lösungen für Probleme zu bauen, die eigentlich keiner hat. Dann ist es die Aufgabe des Marketings, allen möglichen Usern diese neuen Technologien einzureden, wie dringend sie es doch brauchen. So lange, bis die erste Auflage weg ist und das Unternehmen sein Geld gemacht hat. Das ist digitale Verblendung par excellence. Der Friedhof der dummen überdigitalen Gadgets ist groß und vielfältig. Ein bisschen Produktdarwinismus ist auch ganz wunderbar, schlechte Ideen sollen auch ausscheiden, wenn sie keiner braucht, wenn sie keinen Mehrwert haben. Allerdings sind die digitalen Kommunikationskanäle so mächtig und skalieren so sehr, dass man mit fast jedem Schrott zumindest eine Zeit durchkommen kann. So ist der Bluetooth-Toaster oder die smarte Wasserflasche vielleicht ganz gut auf dem Schrotthaufen aufgehoben. Technologie und Vernetzung kann kein Selbstzweck sein, es muss schon noch dem Menschen dienen.

Deswegen ist die Digitalisierung keineswegs nur eine Frage der Technologie, Unternehmen werden sich auch im digitalen Zeitalter weiterhin entlang ihrer Kompetenzen weiterentwickeln und sich nicht umsonst zu Tode digitalisieren. Denn alle Digitalisierung hilft nichts, wenn der Sinn, der dahintersteckt, nicht ersichtlich ist. Es braucht also eine klare Unternehmensidentität, ein Verständnis von Innovation, das alle teilen und nicht nur der IT-Nerd. Digitalkompetenz ist also der souveräne Umgang mit der Digitalisierung, dafür brauchen wir viele menschliche Fähigkeiten, wie Offenheit, sich mit neuen Dingen zu befassen, die Fähigkeit, mit einem Überschuss an Informationen umzugehen, und die Bereitschaft, im Team zu arbeiten. Vor allem bringt Digitalisierung nichts, wenn sie nur von ein paar Spezialisten von oben auferlegt wird. Oft schießen diese über das Ziel hinaus und digitalsieren an den Kompetenzen der Mitarbeiter vorbei. Somit hat niemand was davon, außer Kosten. Das stimmt gesellschaftlich sowie in der Wirtschaft. Und ja, ich weiß, es wollen nicht alle wahrhaben, aber die Zukunft steckt nun mal in der Zusammenarbeit von Mensch und Maschine.

Lernen kann auch Spaß machen

Vermissen Sie die Trendbegriffe schon? Dann hab ich jetzt was für Sie, das sogenannte Edutainment, also die Kombination aus Education und Entertainment, ist ein absolutes Muss beim lebenslangen Lernen. Denn Lernen macht Spaß, auch wenn uns die Schule etwas anderes gelehrt hat. Immer mehr spielerische Ansätze finden so langsam ihren Weg in die Büros und unser Privatleben. Und wenn wir Spaß haben, lernen wir besser.

Es klingt pathetisch, aber die Sache wieder etwas spielerischer anzugehen, versetzt uns in unsere Kindheit zurück, in der wir unendlich viel Neues gelernt haben. Sogar Lego hat das für sich erkannt und sich ein zweites Standbein mit Lego Serious Play aufgebaut, das sich an Erwachsene richtet. Aber auch unser Medienkonsum wird gerade für die jüngere Generation immer spielerischer. So sind namhafte Medien, die uns unsere täglichen Nachrichten liefern, heute schon auf TikTok, um uns das Tagesgeschehen in kleinen Häppchen zu präsentieren. Und die sind oftmals weitaus zugänglicher als der zehnte Liveticker. Was können wir also daraus lernen? Keine Sorge, Sie brauchen nicht sofort einen TikTok-Account, um dazuzugehören. Aber es hilft schon, den Arbeitsalltag ein wenig spielerischer zu gestalten. Bitte verwechseln Sie das nicht mit noch einem neuen Kommunikationstool, das alle Mitarbeiter:innen nun verwenden müssen. Und denken Sie auch nicht, dass es mit einem Tischtennistisch im Büro getan ist, werden Sie kreativ, laden Sie mal Ihre Kinder ein, vielleicht finden die einen neuen Zugang. Wer lebenslanges Lernen ernst nimmt, fängt früh an und hört nie auf. Nicht weil es ihnen einen Wettbewerbsvorteil bietet – das ist ein schöner Nebeneffekt –, sondern weil der Mensch ein neugieriges Wesen ist.

Fassen wir also zusammen, was es braucht, um Sie in Sachen lebenslanges Lernen zukunftsfit zu halten, hier sind drei Thesen:

1. Kreativität und das Teilen von Wissen ist unabdinglich für alle, die auch in Zukunft bestehen wollen. Wir müssen uns von jeglichem Silodenken verabschieden und beginnen, im Team dazuzulernen. Es gibt genug zu tun für alle, keine Sorge. Jeder Mensch weiß etwas, das Sie nicht wissen. Finden Sie es raus.

2. Unsere Leben verlaufen nicht mehr als Biographie, sondern als Multigraphie. Verabschieden wir uns von starrem Denken – Schule, Ausbildung/Uni, Job, Rente –, das gibt es so nicht mehr, und auch keine Ausrede, sich nicht weiterzubilden. Wir sind nicht eine Person im Laufe unseres Lebens, sondern mehrere.

3. Wissenschaft ist ein elementarer Bestandteil des öffentlichen Diskurses, bitte geben wir ihr auch den entsprechenden Rang und Raum und lassen uns nicht mehr von Informationen auf Facebook & Telegram blenden. Wenn wir etwas nicht wissen, suchen wir diejenige Person, die es tut. Allerdings kann übermäßige Titelgeilheit als eine Form von intellektueller Hierarchie und Arroganz verstanden werden, die durchaus gute Ideen im Keim ersticken kann. Auch das universitäre System ist nicht perfekt.

Bildung von morgen

Die Lockdowns der vergangenen Jahre haben klargemacht: Wissen ist eine zutiefst emotionale Angelegenheit. Wie so oft bringt eine Krise, wie Corona, wenig Neues hervor, sondern wirft Licht auf bereits bestehende Dynamiken. Apokalypse bedeutet in seiner Urform Offenbarung, nicht Weltuntergang. Während es in den Schulen der letzten 100 Jahre vor allem darum ging, Fakten und Zahlen mittels Frontalunterricht in die Schüler hineinzuprügeln, werden die Stimmen nach alternativen Zugängen zum Bildungssystem immer lauter. Gut so, denn es ist doch entlarvend, die arme Jugend einerseits zu schmähen, sie würde nur im Internet abhängen, und ihr als Konsequenz Homeschooling via Teams aufzubrummen. Aber wieso ist die Schule mehr Ort des Leidens als des Lernens? Die Zeit des Homeschoolings war hart, aber auch zurück in den Klassenzimmern lässt sich immer weniger Sinn in Tests und Schularbeiten finden. Schüler werden zum Bulimielernen gedrängt, lernen nur von Test zu Test, um dann das Wissen auszukotzen, das mit einem Klick im Internet besser und schneller erklärt wird als in der Schule. Dabei will ich keineswegs sagen, dass Youtuber:innen die besseren Lehrer sind, sie sprechen aber die Sprache der Kids. Wenn der Lehrer nach wie vor den Overheadprojektor auspackt und jede Power-Point-Präsentation 20 Minuten technische Installation voraussetzt, verliert man das Interesse an Geographie. Der berühmte Satz, man müsse Kopfrechnen beherrschen, weil man im echten Leben ja auch nicht immer vor dem Computer sitzt, ist, wie wir alle wissen, mehr als entkräftet, und ehrlich gesagt hat mich auch noch niemand nachts um drei aufgeweckt und den Satz des Pythagoras aufsagen lassen. Zum Glück, denn mein Mathelehrer war mehr als gruselig.

Die Fächer, die heute mehr oder weniger auf dieselbe Art gelehrt werden wie schon vor 100 Jahren, brauchen dringend ein Update. Mathematik in diesem Ausmaß hat mir nicht viel gebracht, und ich habe erst im Studium gelernt, wie viel wichtiger Statistik ist. Zu lernen, wie man eine Steuererklärung macht, wäre zu Schulzeiten wahrscheinlich weit spannender gewesen als Matrizen und Co. Wie oft mir gesagt wurde, dass man doch im Supermarkt nicht immer einen Taschenrechner mithaben wird – super gealtert, der Kommentar. Das soll natürlich nicht heißen, dass wir Mathematik komplett abschaffen sollten, sondern dass wir den Inhalt an den neuen Alltag anpassen. Früher war es sicherlich durchaus gut, schnell Preise zusammenrechnen zu können, sodass man beim Einkaufen nicht abgezockt wird. Heutzutage macht das das Handy. Gut so. Es gibt mehr als genug spannende Felder in der Mathematik, die einen Konnex zur modernen Realität haben. Lasst uns die Moderne unterrichten statt die Vergangenheit.

Schüler:innen werden in Formate gepresst, die einfach nicht mehr zeitgemäß sind. Es wird nach wie vor in Schubladen gedacht. Auch in Fächern wie Deutsch, die kreatives Schreiben fördern sollten, geht es darum, »Anforderungen zu erfüllen«. Das große Ganze kann dabei niemand mehr finden. Hier kommt natürlich auch wieder so treffend das Auswendiglernen von 150 Jahre alten Gedichten als klares Zeichen dafür, wie weit das Bildungssystem nachhinkt. Anstatt Fächer wie Kunst und Geschichte zeitweise zusammenzulegen, um zu erkennen, welche Epoche welchen Kunststil geprägt hat, oder Kunst und Mathe, wird im Tunnelblick der eigene Semesterplan stur eingehalten. Diese verengte Sichtweise erlaubt es nicht, auf halber Strecke mal anzuhalten und nach links und rechts zu blicken. Vernetztes Denken wird zwar gepredigt, in der Organisation der Schule aber kaum gelebt. Egal welches Fach, dir wird eine Aufgabe gestellt, zu der es eine vorformulierte Lösung gibt, die du erraten musst. Das ist kaum praxisbezogen, denn sobald die Schüler ins Arbeitsleben eintreten, werden sie mit komplexen Herausforderungen konfrontiert, die kreative Lösungswege erfordern, denn in freier Wildbahn haben wir selten alle Hilfsmittel zur Hand. Zur Not also wieder ein Youtube-Tutorial ...

Die Konsequenz? Immer mehr uniforme Jugendliche, die es nie gelernt haben, ihre Meinung kundzutun und kreativ an neue Aufgaben heranzugehen. Dabei würde genau das das Selbstbewusstsein der Jungen stärken und sie für die immer schnellere Arbeitswelt fit machen. Die Arbeitswelt lebt auch von dem kreativen energetischen Spirit der Jugend, der hier konsequent erstickt wird. In Kombination mit der Weisheit, die mit dem Alter kommt, könnten wir so viel erreichen. Denn etwas selbst erarbeitet zu haben, über sich hinauszuwachsen, neue Hürden zu überwinden, das ist enorm wichtig in einer Zeit, in der sich das Gehirn komplett neu verdrahtet. Stattdessen steigt die Angst, nicht zu genügen, nicht ausreichend funktionieren zu können. Die Bitten, den Unterricht aufgrund des für viele psychisch sehr belastenden Homeschoolings anzupassen, wurden mit der altbekannten Leier abgetan, ihr seid faul und wollt nicht lernen. Okay, Boomer. Das mag hart klingen, aber auf ihre wahren Bedürfnisse achtet keiner. Vor allem dieses alte Klischee, dass die junge Generation doch von ihren Smartphones verdummt sei, gibt vielen die Ausrede, sie einfach als verloren abzustempeln – und somit nichts am System zu ändern. Das Problem sind ja nicht die Bildungsinstitutionen, sondern diese gottverdammten Kids. Als wären sie nicht auch eine Konsequenz ihres Umfelds, für das wir alle mitverantwortlich sind – wie ihr damals auch.

Die armen Schüler mussten viel zu früh erwachsen werden, zu viele Krisen haben sie geprägt und sie den Sinn des Auswendiglernens noch mehr hinterfragen lassen. Die Unsicherheit, die in unserer Gesellschaft herrscht, mündet in Perspektivlosigkeit, und so wissen immer weniger Schüler kurz vor ihrem Abschluss, welche Berufsrichtung sie einschlagen wollen. Wie denn auch, ohne Praxiserfahrung? Stattdessen herrscht ein Fatalismus in den Schulen, Aufnahmetests in den Unis und der Numerus clausus machen den Einstieg ins Studium nicht gerade leicht. Die Aussichten, irgendwann überhaupt noch eine Rente zu beziehen, sind düster. Auf ihre inneren Ressourcen und Begabungen zurückzugreifen fällt immer schwerer, ohne sie jemals ausprobiert zu haben. Dennoch haben sie Visionen, wie ihre Zukunft aussehen soll, die Schule spielt dabei aber eine Nebenrolle.

Doch auch die Lehrer:innen haben es nicht leicht. Der ehemals geschätzte Beruf, der hoch geachtete »Herr Lehrer«, bei dessen Eintreten in den Klassenraum alle brav aufgestanden sind, verlor immer mehr an Ansehen. Neben Helikopter-Eltern, deren Kinder angeblich alle hochbegabt sind, erschweren ihnen immer neue, angeblich revolutionäre Bildungssysteme, die meist nur auf dem Papier gut klingen, die tägliche Arbeit, die immer mehr der eines Psychologen gleicht. Denn Kinder brauchen Resonanz, positive Bestärkung, wenn sie eine Aufgabe auf ihre Weise gut erledigt haben, und ein offenes Ohr, wenn es mal nicht so gut läuft. Das Wissen, das die Lehrperson in ihrem Hirn vor den Schülern versteckt, ist fast nichts mehr wert – im Vergleich zu früher. Deswegen brauchen wir eher Lebenscoaches statt Leherer:innen, so pathetisch das auch klingen mag. Denn die Jugend ist keineswegs faul und fatalistisch, sie kämpft für einen gerechteren Planeten und braucht dabei Unterstützung von oben – von klein auf.

Denken wir das also einmal durch: Julia hat sich brav durch die Schule gekämpft, sie war zwar nicht Klassenbeste, aber hat einen halbwegs guten Abschluss geschafft. Mit einem Abi-Schnitt von 2,3 kann sie aber leider nicht an jeder Universität studieren. Arme Julia. Aber gut, sie findet eine Uni, die halbwegs zu ihren Interessen passt, und studiert, wie viele, irgendwas mit Medien. Im Studium bemüht sie sich um gute Noten, denn sie weiß, die Konkurrenz ist groß, und sie möchte später mal in einem renommierten Medienhaus arbeiten. Für ein Volontariat ist nebenbei aber keine Zeit mehr, immerhin muss sie ihren Lebensinhalt finanzieren, und daher jobbt sie in der Gastronomie, da hat sie noch flexible Arbeitszeiten und kann tagsüber zur Uni gehen. So besteht sie Bachelor und dann Master mit Bravour. Julia freut sich, denn trotz ihres semiguten Abiturs hat sie einen guten Masterabschluss und ist nun, mit 24 bereit für das Arbeitsleben. Leider ist gerade nichts ausgeschrieben, also schreibt sie Initiativbewerbungen und wundert sich. Sie erhält keinerlei Rückmeldung, nur in einem kleinen Start-up wird ihr ein Praktikum angeboten. Unbezahlt, versteht sich.

Wie kann das sein?

Immer mehr junge Menschen, vor allem Frauen, studieren. Keinen Abschluss zu haben gilt als verpönt und der Karriereweg damit als beendet, obwohl er noch nicht mal angefangen hat. Man sollte also meinen, ein Uni-Abschluss ist Voraussetzung für einen Job. Interessanterweise wollen Unternehmen aber die Leute, mit möglichst viel Arbeitserfahrung statt Titeln. Der Abschluss, sofern vorhanden, ist dabei immer egaler. Die Krux mit den Universitäten ist, dass selbst hier kaum divergente Meinungen zugelassen sind. Sie sind immer mehr in der Confirmation Bias gefangen, sie drehen sich also im Kreis und bestätigen sich immer mehr selbst in ihrer eigenen Meinung, der Tunnelblick setzt sich fort. Einen Sinn von höherer Bildung zu vermitteln, Diskussionskultur zu erlernen, sich aus der eigenen Filterblase zu bewegen, statt diese zu bestärken – darum sollte es doch an der Uni gehen. Es ist den Studenten kaum möglich, aus ihrer engen Zone zu kommen, die Prüfungen werden schwieriger gemacht und die Konkurrenz steigt. Dadurch nehmen Studenten leider festgefahrene und bestehende Denkmuster an und sind kaum praxisfähig, was im Übrigen die Unternehmen schon längst bemerkt haben. Deswegen ist ein Abschluss auch höchstens eine Grundvoraussetzung. Denn der theoretische Lösungsansatz und der praktische sind völlig unterschiedliche Dinge. Und Unternehmen schätzen eine schnelle Auffassungsgabe und den Umgang mit sich ständig ändernden Gegebenheiten. Die Arbeitswelt verändert sich immer schneller, das universitäre System hinkt naturgemäß hinterher – es wird der Abstand aber langsam zu groß. Schnell im Lehrbuch nach der richtigen Lösung zu suchen ist im Meeting leider nicht möglich. Und so ist es für Unternehmen oft sinnvoller, jemanden einzustellen, der noch keine so festgefahrene Denkweise hat, jemand, der sich wirklich auf das Unternehmen einlässt und »formbarer« ist.

Denken wir Bildung also neu!

Für wen machen wir denn überhaupt Zukunft?

Der Begriff der Enkelfähigkeit wird im Moment grauenhaft inflationär genutzt. Parteien sowie Unternehmen brüsten sich damit, dass sie sich um die Zukunft der übernächsten Generation sorgen. Meistens fühlt es sich eher an wie das gute alte Greenwashing, also so tun, als ob, sodass einem keiner böse sein kann. »Zukunftsfähig« bedeutet deswegen hier oft Klimaschutz – wäre es doch so schade, wenn das Enkelkindchen es nicht mehr schneien sieht. Und dabei ist man ganz stolz, gleich zwei Fliegen mit einer Klappe geschlagen zu haben: Man ist jetzt also Klimaschützer und enkelfähig zugleich. So löblich das auch sein mag, ist es aber viel zu kurz gedacht. Wir sollten vor allem eine Zukunft gestalten für diejenigen Generationen, die wir niemals persönlich kennen werden – für die Nachwelt. Um das zu bewerkstelligen, müssen wir ein zentrales System umdenken, nämlich die Bildung. Im Moment spuckt das System Menschen aus, die eher für die Vergangenheit als für die Zukunft vorbereitet sind. Wir versuchen junge Menschen in Schubladen zu stecken, die es schon längst nicht mehr gibt. Die Arbeitswelt von heute und morgen ist individuell und flexibel, das Bildungssystem aber derzeit veraltet und starr.

Die Lösung: Schüler nicht für spezifische Berufe ausbilden, sondern für lebenslanges Lernen und Anpassen. Pädagogik wird immer wichtiger, reine Wissensvermittlung rutscht in den Hintergrund. Und ja, für diesen Wandel braucht es auch mehr Geld – aber es ist eine Investition, die sich auch lohnt, und das über mehrere Generationen hinaus, weit an den eigenen Enkeln vorbei.

Vorbildung statt Ausbildung lautet die Devise.

Der wahre Sinn der Schule ist die Auseinandersetzung mit der Zukunft, zu lernen, wie man sich in der Gesellschaft und im

Arbeitsleben bewegt. Die Suche nach Sinn könnte doch bereits von Anfang an unterstützt werden, nicht dass dieses Thema einem erst mit Mitte 20 vor die Füße geworfen wird. Wie kann man das auf Schule, Uni und Ausbildung umlegen?

Schule

Was braucht die Schule der Zukunft? Der erste Schritt ins 21. Jahrhundert (sorry, aber bis jetzt sitzen wir schulisch noch im alten fest) ist ein flächendeckender Ausbau von schnellem Internet – gerade in Deutschland. Alle, die momentan zur Schule gehen, sind mit dem Internet groß geworden, dann betreten sie das Klassenzimmer, und es herrscht Handyverbot. Und kommen Sie mir bitte nicht mit den paar Tabletklassen. Digitalkompetenz lässt sich zwar auch in der Freizeit erwerben, in einer sicheren Umgebung wäre es trotzdem sinnvoller. Wenn Schule etwas bietet, das ich nicht besser und schneller am Smartphone kriegen kann, muss man die Geräte auch nicht mehr wegsperren oder verbieten. Alles Verbotene hat sowieso einen erhöhten Reiz, dabei muss der digitale Umgang früher denn je gelernt werden. So wissen wenige Schüler zum Beispiel nicht, was für reale, juristische Konsequenzen das Verschicken von eigenen Nacktbildern haben kann oder wie man sich vor Gefahren im Netz schützt. Neben der Grundsanierung des Schulsystems braucht es also vor allem Digitalkompetenz, um den Herausforderungen der Moderne gerecht zu werden. Das bedeutet auch zu erklären, wann das Digitale keinen Sinn macht. Die Schule soll nicht zum Cyberspace werden, sondern einen nuancierten Umgang mit dem Digitalen beibringen, statt ein Verbot zu propagieren. Ein paar Vorschläge, wie der Wandel gelingen könnte:

1. Lernräume müssen wieder offener werden
Wenn wir die Schule nicht mehr so behandeln wollen wie vor 100 Jahren, sollten wir die Klassenzimmer auch nicht mehr so gestalten. Schluss mit dem Frontalunterricht und her mit flexiblen Raumkonzepten, die sich individuell an das Unterrichtsfach anpassen können. Denn nur so ist Kreativität überhaupt möglich. Raumdesign kann einen großen Unterschied machen – vor allem wenn es um soziale Interaktion geht.

2. Digitalisierung, aber bitte sinnvoll
Es braucht mehr als iPads im Klassenzimmer, es braucht die richtige Infrastruktur, Weiterbildung und Schulungen von Lehrer:innen, um deren Digitalkompetenz zu steigern, damit sie die Schüler:innen zeitgemäß begleiten können. Wenn die neuen Technologien, mit denen unterrichtet wird, ausschließlich von den Lehrer:innen abhängen, entsteht eine Distanz zwischen beiden Seiten. Denn oft sind die Pädagog:innen eben ein bis zwei Generationen weit von der Jugend entfernt und nicht unbedingt auf dem neuesten Stand. Integratives, generationsübergreifendes Denken ist hier wichtig. Auch die Lehrer:innen können etwas von den Schüler:innen lernen – vor allem im Digitalen.

3. Integration
Schule ist viel mehr als nur ein Ort des Lernens, hier treffen unterschiedlichste Charaktere aufeinander, die sich im sozialen Gefüge zurechtfinden müssen. Die Rolle der Schule ist Vorbereitung auf das Leben, nicht Informationsakquise. Wichtig wäre es, mit den Angeboten der

Umgebung zu kooperieren und Nachmittagsangebote zu schaffen. Konflikte werden entstehen; mit diesen Reibungen umgehen lernen, ist ein wesentliches Skillset für die immer heterogenere Gesellschaft von heute und morgen.

4. Mehr Selbstorganisation
Sich selbst zu organisieren sollten Schüler:innen nicht erst lernen, wenn sie ins Arbeitsleben einsteigen. Wenn sich die Unternehmenswelt nicht schnell genug wandelt, müssen sie sowieso alle selbstständig werden, um eine Chance auf Sinnsuche zu haben. Hier ist es besonders wichtig, auf die unterschiedlichen Lerngeschwindigkeiten der Schüler:innen einzugehen. Wie auch in der Arbeitswelt, wo es Menschen gibt, die extrem fokussiert alles in 60 Minuten erledigen und danach crashen müssen, sowie diejenigen, die sich entspannt vier Stunden Zeit nehmen. Output ist der relevante Messwert, nicht abgesessene Zeit.

5. Bedürfnisse und Wissensstand
Weiterbildung sollte von überall aus möglich sein, um sich an die Flexibilität anzupassen. Ebenso sollten sich sowohl Lehrer:innen als auch Schüler:innen je nach individuellen Interessen weiterbilden können. Vielleicht sogar im Team, so lernen Schüler:innen als auch Lehrer:innen neue Gruppennormen kennen und erlernen neben dem eigentlichen Kursinhalt auch wichtige Soft Skills.

6. Lehrer werden zu Coaches
Bildung ist, zum fünften Mal, viel mehr als das schlichte Vermitteln von Wissen. Sich selbst zu reflektieren und in

der Gruppe zu besprechen ist elementar für Schüler:innen. Lehrer:innen sollten die Kids dabei unterstützen und sie manches Problem auch im Team lösen lassen. Unter Umständen sollten sich Lehrer:innen eher als Generationsvermittler:innen verstehen und weniger als Informationsträger:innen – denn die gibt es nämlich bereits in jeder Hosentasche, zumal sie weniger anstrengend zu bedienen sind.

So weit mal das Systemische, aber welche Inhalte lehrt die Schule der Zukunft? Hier sind die Top Five:

1. vernetztes Denken – Schularbeiten gibt es nur im Team, schummeln ist de facto unmöglich. Pluspunkte gibt es für die kreativste Antwort. Die zehn Gedichte zum Auswendiglernen sind sowieso im Netz zu finden.

2. Digitalkompetenz – Wer findet einen Bug, eine Sicherheitslücke auf der neuen Homepage oder schafft es, sich die Lösungen der Schularbeit durch Hacken in den Schulserver zu besorgen?

3. Hands-on Leben – Wie bewerbe ich mich bei einem Unternehmen, wie funktionieren Versicherungen, und wie, verdammt, nähe ich einen Knopf an? Hier lernen wir die Basics für das Überleben.

4. Sinnsuche – Wo liegen meine wahren Kompetenzen, was möchte ich morgen lernen und was vielleicht mit 50 noch einmal? Wie finde ich überhaupt Sinn?

5. Gruppendynamik – Ähnelt dem vernetzten Denken, meint aber: sich zurechtfinden in unterschiedlichen Hierarchien und Gruppen. Wer ist im Lead, wer kümmert sich worum? Kür: Wie überstehe ich den Arbeitsalltag?

Kommen wir nun zu den Universitäten.

Universitäten

Universitäten funktionieren auch digital, eher holprig, wie wir leider feststellen mussten, na ja. Aber ist reines digitales Lernen gleichzusetzen mit dem Präsenzunterricht? Während kleine private Unis zu Coronazeiten einen klaren Vorteil hatten, meist war hier schon eine gute Infrastruktur gegeben, hatten die großen Institutionen stark zu kämpfen. Wie streame ich den Vortrag aus dem Audimax in angemessener Qualität auf die Bildschirme zu Hause, und kann es digital auch so was wie Gruppenarbeiten geben? Zum Glück sind die Student:innen schon etwas gefestigter als ihre jüngeren Schulkolleg:innen und überstanden die Zeit zu Hause ein wenig besser. Aber konnten sie aus der Lehre viel mitnehmen? Die armen Erstis, die ihre beginnende Unizeit zu Hause verbringen mussten und ihre Kommiliton:innen nur digital kennenlernen konnten. Auch die Diskursfähigkeit hat stark gelitten, denn ein angeregter Meinungsaustausch untereinander ist digital kaum möglich, zu sehr fällt man sich ins Wort, oder es unmutet sich erst gar niemand. Die Universität der Zukunft muss aber auf den Diskurs setzen, um die Studenten, denen es bisweilen zu Hause ganz gut gefiel, wieder in den Hörsaal zu bekommen. Vor

600 Kommiliton:innen eine Rechenaufgabe an der Tafel vorführen – das lassen wir aber wirklich im letzten Jahrhundert. Aber welche Skills brauchen die Universitäten? Zuerst müssen wir aus dem Silodenken heraus. Es braucht mehr Dozent:innen, die aus der Wirtschaft kommen und praxisnah unterrichten. Was Fachhochschulen, auf die vom hohen Ross der Universitäten gerne mal herabgeschaut wird, schon lange praktizieren, muss auch den Weg in die Unis finden. Denn was brauchen wir, wenn wir auf das Arbeitsleben vorbereitet werden wollen? Richtig: Praxiserfahrung. Daraus resultiert eine gewisse Anpassungsfähigkeit, denn oft ist die Realität weitaus chaotischer als die Theorie. Es sollte in jedem Unifach, neben Statistik mehrere verpflichtende Praktika geben. Diese können dann gemeinsam nachbesprochen werden, um die Implikation von der Theorie auf die Praxis auch wirklich zu challengen. Sind die Lehrmethoden überhaupt noch aktuell, welche Unklarheiten gab es nach dem Praktikum, wo sind Lücken? Eine Möglichkeit wäre, bereits im Studium Studierende, die sich bei praktischen Aufgaben profiliert haben, direkt abzuwerben. Denn wir wissen bereits, ein Abschluss zählt nicht mehr. Wenn jeder das Gleiche lernt, wie können wir uns hervorheben? Was durch freiwilliges Engagement krampfhaft versucht wird, sollte in den Unialltag integriert werden. Auch die vermeintlichen Feindschaften zwischen einzelnen Fachbereichen müssen abgeschafft werden. Zudem werden Berufswege in der Forschung immer unbeliebter. Knebelverträge, die oft auf nur ein halbes Jahr oder Jahr begrenzt sind, sind genauso unmenschlich wie unbezahlte Praktika, wo bleibt da der Sinn? Zudem sind promovierte Absolvent:innen kaum für den Arbeitsalltag brauchbar, denn ihnen schweben, zu Recht nach jahrzehntelanger Ausbildung, zu hohe Gehaltsvorstellungen vor, Praxiserfahrung

können sie kaum vorweisen. Zudem ist die extreme fachliche Zuspitzung in den wenigsten Bereichen von Vorteil, denn in der Praxis braucht es zum Großteil Generalisten, die schnell auf verändernde Problemstellungen eingehen können. In den vergangenen Jahren wurde versucht, immer mehr Ausbildungen, die extrem wichtig für die Gesellschaft, aber durch geringe Gehälter kaum attraktiv sind, durch eine akademische Ausbildung wieder spannender zu machen, ein Beispiel sind Pflege oder Elementarpädagog:innen. Aber leider hat ihnen das kaum geholfen, denn die Gehälter wurden nicht angepasst, und mehr Anerkennung gab es auch nicht. Gehen wir also wieder weg von der Überakademisierung der Gesellschaft und widmen uns dem Eigentlichen: dem Suchen und Finden einer sinnvollen Betätigung, der eigenen Berufung, ohne akademische Hürden und Knock-out-Prüfungen. Wir haben einen verdammten Ärztemangel, es gibt unglaublich motivierte Menschen, die in dieses Feld einsteigen wollen, aber am Numerus clausus scheitern oder bestimmte Prüfungen nicht schaffen. Nach ein paar Versuchen geben sie auf und sind für dieses unglaublich wichtige Feld verlorengegangen. Mit Blick auf die demographische Kurve kann das nicht gut ausgehen! Zeit, auch hier neu zu denken und die Ausbildungen anzupassen, sodass Menschen, die anderen Menschen helfen wollen, dies auch bewerkstelligen können – statt aufzugeben. Ich weiß, gerade im titelversessenen deutschsprachigen Raum fällt das schwer, aber damit gelingt uns eine unglaubliche Freiheit, das garantiere ich Ihnen. Und ohne Titel lässt es sich auch viel leichter wieder von vorne beginnen, glauben Sie mir. Lebenslanges Lernen ist für alle da.

Ausbildungen

Oh, wie sehr loben alle das »klassische« Handwerk, das goldenen Boden habe, und wie sehr wird der eigene Tischler romantisiert. Es ist geradezu schick, sich von Fast Mobiliar zu verabschieden und sich wieder dem guten alten Handwerk zuzuwenden. Grundsätzlich eine wunderbare Angelegenheit, sind sie doch in der Regel qualitätsvoller, regionaler und nachhaltiger. Das Problem dabei: Immer weniger Werkstätten finden noch junge Leute, die bei ihnen in eine Lehre gehen wollen. Dabei gibt es hier wunderbare Möglichkeiten, eine Ausbildung in Kombination mit Abitur oder sogar Studium zu machen. Da wären wir wieder bei der akademischen Laufbahn. Gerade diese Sparte bietet so viel Potenzial, denn Handwerker:innen werden immer gebraucht werden. Viele dieser Berufe sind nicht von der Automatisierung bedroht, und trotzdem bemerken wir, es ist immer schwieriger, Stellen zu besetzen. Wie können wir die Lehre im gesellschaftlichen Diskurs also wieder aufwerten? Zuallererst braucht es gute Werbung in den Schulen. Und das richtige Framing, denn während Lehrer nach wie vor predigen: Lerne brav, sonst schaffst du es nicht bis an die Uni, wäre es doch viel sinnvoller zu sagen: Hey, du kannst sofort ins Arbeitsleben einsteigen, dort sammelst du ordentlich Praxiserfahrung und hast genug Zeit, einen zweiten oder dritten Bildungsweg einzuschlagen. Wer weiß, wo dich dein Lebenspfad noch hinführt, aber ein gutes Fundament kann nicht schaden. Es bedeutet eben nicht, dass du dein Leben lang als »Arbeiter« abgestempelt wirst, sondern dass du eine grundfeste Basis aufbaust – ein guter Startpunkt, aber keinesfalls das Ende deiner Reise. Da wir in der Schule nun auch (in Zukunft) lehren, was du brauchst, um dich selbstständig zu machen, hast du alles beisammen, um für deine weitere Laufbahn vorzusorgen. Dabei werden sicherlich einige merken, dass der Beruf, den sie mit 14 gewählt haben, doch nicht der richtige ist. Aber sie haben genug Zeit, etwas Neues zu lernen, und wissen besser Bescheid, wo ihre Stärken und Schwächen liegen, als ein 38-jähriger Doktorand ohne Berufserfahrung. Geben wir der Lehre noch eine Chance, ich garantiere, es wird sich lohnen. Gerade für Akademikerkinder, falls ihr eine neue Rebellion sucht, ich wette, eure Generation-X-Eltern werden toben, wenn sie sich noch durch ein starres System gequält haben und ihr den Umweg nehmt und euch mit 16 bereits völlig selbstständig finanzieren könnt. Aber auch für alle Bürohengste mit maladem Rücken, die bereits eine Hornhautverkrümmung von der ganzen Bildschirmarbeit haben, die sich danach sehnen, »etwas mit den Händen« zu machen, wäre eine Lehre ein spannender zweiter Bildungsweg. Aber dafür braucht es genügend Akzeptanz für diese Berufe in der Gesellschaft, und nicht nur dann, wenn mal wieder der Wasserhahn ein Leck hat oder man sich aus der Wohnung ausgesperrt hat.

Es ist kaum zu glauben, aber das doch oft verschlafene Österreich hat ein ziemlich innovatives Modell entwickelt, von dem nur kaum einer weiß. Mit dem Selbsterhalterstipendium haben Personen, die bereits mindestens vier Jahre im Berufsleben waren, die Chance auf ein vom Staat bezahltes Stipendium, um studieren zu können. Das bietet vor allem denen eine ernsthafte Perspektive, die es sich nach der Schule nicht leisten konnten, fünf Jahre studieren zu gehen. Sie haben also endlich die Möglichkeit, sich voll und ganz ihrer Bildung zu widmen. Ohne Ablenkungen und Stress, nebenbei das Leben finanzieren zu müssen. Aber wieso ist das nicht viel weiter verbreitet? Würden Unternehmen auf den Zug aufspringen und die Bildung nicht dem Staat überlassen, wäre das eine Win-win-Situation. Stellen Sie sich vor, sie haben eine Angestellte, die seit Jahren einen tollen Job macht. Aber sich nebenher weiterzubilden ist nach einem Neun-Stunden-Arbeitstag kaum möglich. Also hat sie kaum Chancen auf einen Perspektivwechsel, der für das Unternehmen von unglaublichem Nutzen sein kann. Also entscheiden Sie, dass diese Mitarbeiterin für die nächsten zwei Jahre eine Ausbildung machen kann, und kümmern sich um die Finanzierung. Und bitte kommen Sie mir nicht mit Sabbatical, das oft einige Jahre im Voraus beantragt werden muss und eher mit Überdruss und fehlenden Aufstiegschancen assoziiert wird. Denn Weiterbildung und der Wunsch nach neuen Perspektiven werden nach wie vor noch damit in Verbindung gebracht, faulenzen und einfach mal eine Pause einlegen zu wollen. Nach den zwei Jahren kommt Ihre Angestellte dann zurück in die Firma und bringt eine Vielzahl an neuen Denkweisen und Ideen mit, und Sie profitieren am Ende. Und jetzt möchte ich Ihnen noch etwas ganz Verrücktes vorschlagen: Was wäre, wenn dieselbe Mitarbeiterin für ein paar Jahre zur Konkurrenz gehen würde, nur um dann wieder zurückzukommen? Vielleicht bemerken Sie die oft beschworenen Synergien und kooperieren sogar mit dem Mitbewerber. Coopetition wird so oder so kommen, seien Sie also lieber vorne mit dabei. Ich weiß, das klingt utopisch, aber wagen wir doch einfach den progressiven Blick in die Zukunft der Arbeit. Denn was Sie vergessen, die Automatisierung geht nicht spurlos an uns vorbei. Wir wissen, dass Berufe, die Empathie und vernetztes Denken erfordern, in Zukunft gefragt werden wie nie. Und die Personen am Arbeitsmarkt, die diese Skills besitzen, werden in Zukunft noch wertvoller sein. Gerade jemand, der sich problemlos in neuen

Umgebungen zurechtfindet und dann auch noch freiwillig wieder in die Firma zurückkehrt, erwartet sich mehr Benefits als Obst und Kickertisch. Lebenslanges Lernen ist kein frommer Wunsch von außen, sondern ein intrinsisches Bedürfnis danach, über sich hinauszuwachsen und mehr zu lernen. Und das wird in Zukunft von den Arbeitgebern gefordert. Da, wo Fachkräftemangel herrscht, sind die Arbeitnehmer:innen im Vorteil und die Arbeitgeber:innen müssen sich ins Zeug legen.

Kommen wir aber erstmal zu einem unangenehmen Punkt in unserem Leben. Kaum einer traut es sich laut auszusprechen, und doch haben es die meisten bereits gemerkt. Er wird meistens im Bewerbungsgespräch zum Problem, oft kommen die Anwärter:innen hier in Erklärungsnot. Na, haben Sie es erraten? Ich spreche von der berüchtigten Lücke im Lebenslauf. Oh weh, schon sehe ich die dramatischen Posts auf LinkedIn, wie bereichernd welche Zeitpunkte in ihrem Leben waren, wer arbeitslos war, hat sich schnell selbstständig gemacht, um das zu vertuschen, und im Vorstellungsgespräch ist das die erste unangenehme Frage: Was war denn da los? Ich möchte den Spieß jetzt einmal umdrehen und ein Loblied auf die Lücke im Lebenslauf singen.

Meist tritt sie zwischen Abitur und Studienbeginn auf und wird als Partyjahr verkannt, aber eigentlich ist es mehr als sinnvoll, direkt nach dem Schulabschluss, der ersten richtig großen Hürde, eine gewisse Zeit in sich zu gehen, um zu spüren, wo seine Kompetenzen liegen, was man im Leben machen möchte. Früher – und heute immer noch in zum Beispiel Österreich oder der Schweiz – scheiden sich die Geschlechter, denn während sich die Männer zwischen Zivildienst und Bundeswehr entscheiden mussten, konnten Mädchen direkt studieren. Das

Argument, sie würden die Zeit dann in der Schwangerschaft verlieren, wirkt reichlich regressiv. Wird doch in Zukunft der Vater ebenso an der Kindeserziehung beteiligt sein. Ich kann aus persönlicher Erfahrung berichten, dass ein soziales Jahr unglaublich bereichernd sein kann. Ich bin nicht einmal österreichischer Staatsbürger, war also nicht gezwungen. Klar, aus einem gewissen Blickwinkel war es sicherlich auch eine Form der Solidarität gegenüber meinen ganzen männlichen Freunden, die zur allgemein gefürchteten Musterung mussten.

Schade, dass das mit der Idee eines allgemeinen Freiwilligen Sozialen Jahrs nicht so gut geklappt hat, denn das wäre der ideale Zeitpunkt, an dem man das erste Mal Dienst an der Gesellschaft leistet und lernt, was man eigentlich machen möchte. Viel der Diskussion rund um das Thema verliert sich im Nationalstolz, so sei man doch nur ein guter Bürger, wäre man bereit für sein Land zu kämpfen – deswegen der Militärdienst. Dieser Nachgeschmack hat die Diskussion rund um das Freiwillige Soziale Jahr ziemlich beschädigt. Die jungen Generationen interessieren sich nicht so sehr für das Thema Patriotismus und Nationalstolz, sind wir doch eher eine Generation global. Der Ukraine-Krieg hat vielleicht auch diesem Bereich eine neue Bedeutung gegeben, dennoch wage ich zu bezweifeln, dass der Kriegskult bei uns wieder im Blute ist. Viel eher verspüren wir, welch ein Regress das Ganze doch ist – oder wie uns die Vergangenheit wieder einholt. Aber auch die alten Kriegsführer, die im letzten Zeitalter festhängen, werden eines Tages sterben. Dann wäre es doch durchaus sinnvoll, hätten wir eine Generation, die in ihre Schuhe tritt, die nicht militaristisch geprägt ist. Statt das Soziale Jahre als einen Luxus zu verstehen – denn das ist durchaus ein Jahr verlorenes Einkommen – sollten wir es fördern. Vielleicht sogar ein Recht darauf schaffen. Jedenfalls ist dies ein Plädoyer für ein sinnsuchendes Jahr, das sozial gestaltet und vom Staat subventioniert ist – für alle Geschlechter. Danach sollte man sich nicht unbedingt dem eigenen Lande verpflichtet fühlen, sondern gegenüber den Mitmenschen. Sinn findet sich bekanntlich einfacher, wenn man sich als Teil einer Gesellschaft versteht, in der man gewollt und gebraucht wird.

III Leadership

Bevor ich mich endlos über die regressiven Tendenzen in der Führungswelt beschwere, möchte ich zuerst Ihnen einen kleinen Fragebogen an die Hand geben, keine Sorge, er ist – arbeitnehmer:innenfreundlich – kurz gehalten, wir wissen alle, die Mittagspause ist begrenzt, und Raucherpausen sind verpönt.

Kreuzen Sie an, welche Aussage auf Ihre Arbeitssituation zutrifft:

Die Red Flags von schlechten Führungskräften

1. Vor dem oder der Chef:in zu gehen, wird gar nicht gerne gesehen.
2. Im Pausenraum ist es Thema, wer die meisten Überstunden hat.
3. Musikhören am Arbeitsplatz ist verboten.
4. Produktivität muss im vollen Großraumbüro passieren und ist allgemein viel skalierbarer, als alle immer sagen.
5. Es gibt eine hohe Fluktuation im Unternehmen.
6. Sie wissen, was Micromanagement ist, und haben es am eigenen Leib schon zu spüren bekommen.
7. Die Mittagspause verbringen Sie lieber am Schreibtisch als gemeinsam, so können Sie mehr erledigen.

Treffen mehr als drei Aussagen auf Sie zu? Dann würde ich Ihnen raten, schnellstens Ihr LinkedIn Profil zu pimpen, da draußen warten nämlich mit Sicherheit ein paar passendere Stellen. An alle Führungskräfte: Lesen Sie jetzt ganz genau, was folgt, wird von den Führungskräften der Zukunft erwartet.

Im Business-Buzzword-Bingo gibt es keine Ruhe, wir sind nun bei dem besseren Begriff für Führung, Leadership, angekommen. Als Sohn einer Engländerin liebe ich eigentlich Anglizismen, aber dieser Begriff hängt mir schon zum Hals raus. Nach dem ganzen Manager-Bashing ist wohl relativ klar, wie es nicht geht. Unternehmenskulturen werden maßgeblich von denjenigen an der Spitze beeinflusst – sie haben es in der Hand. Ob sich jüngere Menschen und gerade Frauen dort wohlfühlen, ist eine Frage für ganz oben, nicht nur für die Personalabteilung, wenngleich man das gerne dorthin outsourct, um die Verantwortung für die toxische Arbeitskultur abzugeben. Wie ein altes, abgedroschenes, aber zutreffendes Sprichwort besagt: Der Fisch fängt am Kopf zu stinken an. Warum? Weil dort das Hirn sitzt, dass als Erstes anfängt zu verwesen. Wie treffend.

Grundsätzlich geht es bei Leadership aber um weitaus mehr als darum, wie man ein:e coole:r Manager:in sein kann, der/die, weil er/sie doch so nahbar ist, um 18 Uhr noch ein bisschen Tischtennis mit den »Kolleg:innen« spielt. Leadership muss größer gedacht werden. Die Geschwindigkeit im Übergang vom Industrie- ins Informationszeitalter werden die Führungskräfte verantworten, seien sie in der Politik oder in der Wirtschaft. Es wäre illusionär zu glauben, dass man diese Bereiche voneinander oder sogar der Gesellschaft abkoppeln kann. In den Rahmenbedingungen der alten Mechanismen zu führen, funktioniert kaum mehr und in Zukunft sowieso nicht, außer man möchte keine Nachwuchstalente in seiner Organisation. Wenngleich es auch so manchen gibt, der gerne richtig altbackene Führungskulturen wiederhätte. Im Zuge des doch relativ langen Patriarchats wurde der Begriff ziemlich maskulin aufgeladen. Führen = Macht = männlich, so lautete die Formel. Von der Steinzeit bis in noch nicht allzu lange zurückliegende Tage hatte das noch seine Gültigkeit, aber Gewalt ist heutzutage nicht mehr das primäre Aufstiegsmittel – meistens. Dass das vor allem für junge Frauen in der Arbeitswelt eher prekär ist, haben die Unmengen an Skandale der Politik und Unternehmenswelt bereits bewiesen. Die Me-too-Bewegung wehrte sich doch in erster Linie gegen die Ausformungen der alten chauvinistischen hierarchischen Arbeitswelt. Breite Brust, unerschütterlich, verantwortungsvoll, männlich musste Führung sein. Hauptsache, niemals Schwäche zeigen. Die Entertainmentwelt ist extrem hierarchisch und unglaublich profitabel, kein Wunder, dass es dort so zuging wie bei Harvey Weinstein & Co. Nicht umsonst wird es auch als Industrie bezeichnet. Es geht in der Führung um Kontrolle, Kontrolle, Kontrolle. Vertrauen predigte man sehr gerne, um die jungen Talente ins Unternehmen zu locken, aber dann ging es wieder zur alten Tagesordnung über. Nicht ganz ein Zufall, dass die Großraumbüros des mittleren 20. Jahrhunderts aussahen wie große Gefängnisse – jeder gefangen in seiner eigenen Zelle. Die Menschen haben das nur mitgemacht, weil es nicht so gefährlich und körperlich auslaugend war wie die Minen und Fabriken. Im Übrigen waren Bürojobs zuerst nur Frauensache, es dauerte ewig und benötigte einige Marketingkampangen, bis auch Männer sich erbarmten, sich an die Schreibmaschinen zu setzen. Sehr unmännlich, den ganzen Tag an einem Schreibtisch zu sitzen, das überließ man damals den Frauen. In der Realität wurde einfach irgendwann klar, dass dort verdammt gutes Geld gemacht werden kann. Bumm, zack waren die Männer bereit, mitzumachen. Aber genug der alten Chauvinismen. Es war ja nicht alles schlecht, denn die alte Welt hat uns doch durchgehenden Wohlstand beschert, wen jucken dann schon ein paar sexuelle Übergriffe und menschenunwürdige Arbeitsbedingungen?

Die gewaltige Gehaltsschere, die zwischen Führungskräften klafft, lässt sich schon lange nicht mehr rechtfertigen, oder haben Sie das Gefühl, dass sich Ihr:e Chef:in 500-mal mehr anstrengt und produktiver ist als Sie? Eben. Es sollte vielleicht erwähnt werden, dass die Wohlstandskluft während der Französischen Revolution kleiner war als heutzutage, vielleicht hilft das ein wenig, eine Perspektive zu entwickeln. Durch Steueroasen und andere Tricksereien gelingt es den Big Playern wie Amazon und Co., immer höhere Gewinne zu erzielen, immer weiter zu expandieren, und, oh nein doch nicht, ihren Mitarbeiter:innen immer mehr zu bezahlen. Die bleiben weiter gut getrackt und so gestresst, dass sie kaum nachdenken können, welche Ungerechtigkeiten ihnen da gerade widerfahren. Doch nicht nur Amazon ist ein Paradebeispiel für menschenunwürdige Bezahlung und Behandlung. Von den Skandalen in der Textilbranche bis hin zu den sklavenähnlichen Verhältnissen in den sozialen Berufen, an Würde ertrinken wir in der Welt der Arbeit nicht gerade. Immerhin brüsten sich Unternehmen nicht gerade mit der Offenlegung solcher Zustände, es könnte ja noch einen Aufstand der Belegschaft provozieren. Bei all dem Gerede um New Work darf nicht vergessen werden: Bezahlung ist eine (sehr große) Form der Anerkennung, denn Mitspracherecht und flexible Arbeitszeiten helfen mir bei einem Gehalt, das unter dem Mindestlohn liegt, nur dabei, mich bei anderen Arbeitgebern zu bewerben. Vor allem muss man sich bei Unternehmen, die nicht mehr zahlen, als das Gesetz als absolutes Minimum vorgibt, fragen, welch ein Menschenbild die Chefetage dort hat. Zusätzlich kommen wir leider nicht um eine neue, echte Transparenz herum, ich weiß, ich weiß, das hört kein:e Chef:in gerne, aber solange an neuen schönen Firmenphilosophien getüftelt und Wokewashing par excellence betrieben wird, während hinter verschlossenen Türen nur darauf abgezielt wird, die Rendite zu erhöhen, kommen wir nicht weiter. Und glauben Sie mir, fehlende Transparenz macht Ihnen kein:e Mitarbeiter:in mehr lange mit. Eine große Compliance-Abteilung oder PR-Kampagnen allein reichen nicht mehr, das Internet hat den Betroffenen neue Möglichkeiten gegeben, die Mächtigen zur Rechenschaft zu ziehen.

Bevor wir uns dem nötigen Wandel und Zukunftschancen der Führungswelt widmen, lohnt sich ein systemischer Blick in den Sinn von Hierarchien – denn nicht nur unsere Vergangenheit war so organisiert. Anarchie funktioniert eben nur, bis das Bier alle ist. Hierarchien sind unglaublich gut darin, schnell Komplexität zu erhöhen und somit in die Produktivität zu kommen. Klar, wenn ein Neandertaler den Ton angibt und koordiniert, wie das Mammut anzugreifen ist, ist das wesentlich erfolgversprechender als eine demokratische Abstimmung, wer den ersten Speer schmeißen muss oder wer Lockvogel spielt. So ist eine gewisse Hierarchie natürlich evolutionär von Vorteil, zumal der Oberneandertaler sich nicht selbst in die gefährlichen Situationen bringt, wenn er lange an der Spitze bleiben möchte. So weit, so gut, nur ist das Problem mit Hierarchien, dass sie sehr starr und rigide sind. Nicht sehr anpassungsfähig, oder vielleicht noch wichtiger, nicht resilient. Kriegt der Führungsneandertaler einen Stein zu viel an die Birne und dreht endgültig durch, kann er einen ganzen Stamm mit sich in den Untergang reißen. Wenn der Chef endgültig zum Vollzeitcholeriker wird, kann einem das ganze System schlagartig um die Ohren fliegen, das haben schon einige Unternehmen leibhaftig erfahren dürfen. Führungskräfte, die sich zu Tyrannen entwickeln, gibt es von Kleinunternehmen über den Mittelstand bis hin zu den größten Konzernen der Welt. So waren zum Beispiel Elon Musks Aussagen, es müssten jetzt alle ins Büro zurück, jede Stunde im Homeoffice würde er als Kündigung verstehen, solch ein wunderbares Negativbeispiel, dass es paradoxerweise dem Diskurs ganz guttat. Alle erkannten wir, der muss eine Schraube locker haben, narzisstisch verblendet sein und sich an der Macht und dem Erfolg besoffen haben. Aber auch in den kleineren Unternehmen oder sogar in Abteilungen kann solch Machtbesessenheit zu Abgründen führen. Laut Gallup hatten zwei Drittel aller Menschen schon solch eine:n Chef:in. Und jeder seine eigenen Horrorgeschichten von cholerischen Anfällen und Beleidigungen. Dass solch rigorosen Machtverhältnisse dramatische Folgen haben können, konnte man beispielsweise in der Luftfahrt schmerzhaft sehen. So trauten sich – beispielsweise bei asiatischen Fluglinien, die einer strengen Hierarchie unterliegen – nach vielen Abstürzen und Unfällen die ersten Offiziere nicht, ihre Vorgesetzten zu hinterfragen. Aufgrund der herrschenden Rangordnung sahen sie sich dazu nicht in der Lage. Übertriebene Hierarchie kann auch unterschwellig und nonverbal propagiert werden, es muss nicht immer Brandreden und wüste Beschimpfungen regnen. So sehen wir von Großunternehmen bis zum Zwei-Personen-Team: Führung ist neben dem seelischen Wohl der anderen auch eine Frage von Leben und Tod.

Hierarchie belohnt homogene Gruppen, sind sie doch viel

einfacher zu managen. Denn hierarchische Führung basiert auf der Logik, dass keine divergenten Meinungen die eigene Führungsrolle untergraben, das wäre gefährlich – an der Spitze ist die Fallhöhe bekanntlich ziemlich groß. Paradoxerweise waren es immer die Gesellschaften mit einem hohen Diversitätsgrad, die extrem produktiv waren. So war es vom alten Rom bis zum modernen Amerika, die ganze Historie tritt den Beweis an. In Rom war es die kulturelle Vermischung, die es so unglaublich potent machte, aber auch im Ende den Untergang bedeutete. Amerika war der Produktivitätsherd der Moderne, der Melting Pot. Unter anderem die Große Resignation zeigt, dass dieses gesamte Gesellschaftsmodell anfängt zu wackeln. Zudem ist eine politische Führung, die sich nach Gleichförmigkeit sehnt, weil die Unterschiede zu mannigfaltig, kompliziert und anstrengend geworden sind, um eine einfache Form der Führung zu betreiben, verdammt gefährlich. Das kann letztlich zum Totalitarismus führen, und warum das keine gute Idee ist, wie es sich so manch reaktionäre Partei einredet, zeigt die europäische und vor allem deutsche Geschichte. Treffen also heterogene Gruppen auf zu starre Führung, endet es im Desaster. Die Welt wird aber immer komplexer, individueller und verbundener und diverser, also müssen wir Führung neu denken, von Wirtschaft bis hin zur Politik. Den Neandertaler sollten wir doch endlich hinter uns gelassen haben.

Female Leadership

Die Menschheit hat sich von Anbeginn an größtenteils patriarchalen Führungsstilen unterworfen, das ist uns allen bewusst. Bis auf Ausnahmen – man denke an den Mythos der Amazonen oder ehedem matriarchale Kulturen in Lateinamerika – war die Geschichte männlich dominiert – leider. Sosehr auch im Moment über Frauenquoten in Politik und Wirtschaft gesprochen wird, so müssen wir uns auch eingestehen, dass das alles wesentlich länger brauchen wird, als wir Zeit haben. Denn die alten Führungsmechanismen greifen im 21. Jahrhundert immer weniger. Das Problem ist dabei nicht unbedingt das Geschlecht, sondern vielmehr die Struktur, die wir Männer geschaffen haben. Seit der Steinzeit war physische Stärke und Überlegenheit ein wichtiges Tool, um Macht zu erlangen und sie zu behaupten. Wer den größten Knüppel und den stärksten Arm hat, gewinnt. Auch im Industriezeitalter war körperliche Kraft noch relevant, musste in den Fabriken, Minen und Ölfeldern der Welt hart geschuftet werden. Dass Frauen für solche Tätigkeiten weniger geeignet waren, ergibt sich aus der Biologie. Ohne auf Testosteron, Muskelaufbau usw. eingehen zu wollen, ist einfach klar, es gibt biologische Unterschiede zwischen den Geschlechtern. Das ist wertfrei zu betrachten, im Laufe der Analyse wird allerdings klar, dass die Zukunft genau deswegen weiblich ist. Die Schreibmaschinen und die Bürojobs in der Mitte des 20. Jahrhunderts besetzten vornehmlich Frauen – brauchte man doch mehr Ruhe und weniger Muskeln für diese Tätigkeit. Bereits in der Vergangenheit hat das vermeintliche »Aufweichen« alter Männlichkeiten zu riesigen Tragödien geführt, nämlich als der Backlash kam. Als zwischen den Weltkriegen langsam junge Männer in »Bürojobs« wanderten und nicht mehr maßgeblich mit physischer Arbeit und Gewalt konfrontiert waren, kam eine Form von Gegentrend. Von ihren Vätern wurden sie als Weicheier dargestellt, müssten diese noch an die Front, während sich die neue junge Generation es in den vergleichsweise sicheren Büros gemütlich machte. Loyalität, Maskulinität, Krieg – wir wollen doch nicht verweichlichen, ab an die Front hieß es anschließend. Dass Kriege etwas mit gekränkten Männeregos zu tun haben, zeigt sich auch in der Moderne. Zwischen den Weltkriegen war es eine sehr toxische Mischung aus Wirtschaftskrise und verlorenem Männerstolz. Wie das endete, muss man im deutschsprachigen Raum nicht ausführen. So sieht man in maximaler Tragik, was passiert, wenn angeblich primär männliche Ideale hinterfragt werden. Aber das müssen wir nun, denn draufhauen, bis Probleme weggehen, funktioniert immer weniger, dazu wird die Welt zu digital und werden die Risiken zu groß. Man denke an die Putins, Bolsonaros und Orbans dieser Welt, sie sind ein letztes Aufflammen dieser alten Welt – ganz gewiss. Man verzeihe meinen brutalen Optimismus, aber ich habe vollstes Vertrauen in die Welt und die Frauen, die sie mit neuem Führungsstil leiten werden.

Nur was bedeutet nun eigentlich female Leadership? Im Moment werden viele erfolgreiche Frauen in klassisch maskuline Führungsstile hineingedrängt, weil die Hierarchien nur diese belohnen. Konkurrent:innen ausstechen, hart sein, nur auf Zahlen und Leistung achten; klassisch emotionslose Führungsqualitäten werden hier gefordert. Echte Empathie bringt einen doch nicht in die obersten Etagen. Kein Wunder, dass in Politik und Wirtschaft Soziopathen in den Führungsebenen disproportional vertreten sind. Das soll nicht heißen, dass alles schlecht war oder ist, sondern dass es Zeit ist für neue Aufstiegswege in hierarchischen Organisationen. Denn die alten, maskulin geprägten Mechanismen sind veraltet, denn sie sind weniger produktiv und vor allem nicht sinnstiftend. Aufstieg als Selbstzweck zur Befriedigung des eigenen Egos, mit dem größten Knüppel, ungeachtet von seinem Umfeld? Das kann nicht die Zukunft sein.

Female Leadership ist empathisch. Das mag etwas platt klingen, wird doch mittlerweile dauernd von den sogenannten Soft Skills und wie wichtig diese doch seien gesprochen. Oft wird behauptet, man brauche emotionale Intelligenz, Teamgeist, Offenheit, Anpassungsfähigkeit und sogar die Fähigkeit zuzuhören, um in seiner Karriere nach vorne zu kommen. Aber die klassischen Hierarchien belohnen diese Fähigkeiten nicht mit Aufstieg. Man könnte es als eine Art von Karriere-Washing bezeichnen, also ein So-tun-als-Ob, sodass die eigene Organisationsstruktur nicht ganz so sozialpathologisch wirkt, wie sie eigentlich ist. Oft sind an der Spitze ebenjene, die wie einzelgängerische Haifische und nicht wie kooperative Erdmännchen agieren. Auf den Kongressen dieser Welt hört man oft männliche Chefs, Mitte 50, Bauchansatz, die sagen, wie toll es doch ist, dass die Frauen jetzt Emotionalität in die Unternehmen bringen, weswegen sie dann letztlich immer in der Personalabteilung landen und nicht an der Spitze. Am besten zerrt man dann noch ein paar Damen auf die Bühne, um zu beweisen, dass man ein modernes Unternehmen ist – auch bekannt als die Quotenfrauen. Da aber die Welt immer weniger von physischer Macht abhängt und somit immer mehr emotionaler Intelligenz benötigt wird, ist Empathie eine Grundvoraussetzung. In einer nach Sinn strebenden Gesellschaft umso mehr. Wenn man das Argument ernst nimmt, dass die Teams von morgen immer heterogener zu sein haben, wird es immer wichtiger, die individuellen Lebensrealitäten der Mitarbeiter:innen wahrzunehmen und vor allem zu verstehen. Konflikte und Emotionen auszuleben und auszutragen ist in Politik und Wirtschaft unglaublich verpönt. Man denke nur an die ungleiche Wahrnehmung von Frauen durch die männliche Brille. Einmal sind sie zu emotional und instabil. Hauen sie auf den Tisch, sind sie zu

»bossy«. Kühle, Kälte und Härte sind Führungsmethoden aus der alten Welt und, wenn wir ehrlich sind, etwas verklemmt.

Wir Männer sind im Übrigen auch nicht stoisch, wie wir uns das so oft einreden. Den Schmerz der Welt mit breiter Brust zu ertragen und die Härte der Unternehmenswelt, die darwinistisch nur die Stärksten emporhebt, ist eine faule Einstellung. Denn wer es durch die evolutionäre Brille sieht, weiß, dass es diejenigen Wesen schaffen, die in ihrem Lebensraum am besten angepasst und nicht nur die härtesten Socken sind. Unser Habitat verändert sich zunehmend, und Frauen sind für diese neue Welt besser ausgestattet – vorausgesetzt, wir meinen es ernst mit dem sozioevolutinären Fortschritt hin zu einer glücklicheren, harmonischeren und sinnerfüllteren Welt. Menschen sind emotionale und kooperative Wesen, das sind unsere zentralen Wettbewerbsvorteile gegenüber den Wesen der Tierwelt. Dieser Mythos, dass nur unbarmherzige Wölfe in der Welt bestehen, ist Quatsch. Uns fehlen die Klauen und Zähne – alleine sind wir Beutetiere, keine Jäger.

Fest steht, die junge Generation Männer ist verwirrt, und das zu Recht. Auf der einen Seite soll man, klar, erfolgreich sein, im richtigen Moment also »männlich« (whatever the fuck that means), aber auf gefühlvolle, emotionale und fürsorgliche Weise. In diese Welt der Unsicherheit haben sich nun Karikaturen der alten Männlichkeit hineinquetscht und sorgen für noch mehr Unheil. Was Gwyneth Paltrow für Frauen ist, ist Joe Rogan für Männer. Erstere wurde durch als Schauspielen in Hollywood-Schinken weltberühmt und eröffnete dann ihre eigene Lifestyle-Marke. Im Grunde verkörpert sie sämtliche weiblichen Klischees, gemischt mit ein wenig esoterischem Bullshit. Selbsthilfe mit hoher Extrasteuer in Form von Gesichtscremes, Kristallen und Vibratoren. Ein klares Frauenbild, das mit Beauty und vermeintlicher Selbstfindung beschäftigt ist. Joe Rogan ist das männliche Äquivalent, aus der Welt des Kampfsports. Er redet dauernd nur über Trainieren, Fleischessen, Jagen und was es bedeutet, ein Mann zu sein, hat einen unglaublich erfolgreichen Podcast, der vor allem von jungen Männern gehört wird. Gelegentlich verschwindet er auch in die Welt der Verschwörungstheorien. Ein bisschen erinnert er an einen Kriegsherrn, der Intellektuelle in seine Show einlädt und sie zwingt, ihm zu erklären, wie die Welt funktioniert, und sich dann nur selektiv das mitnimmt, was in sein Weltbild passt. Beide Charaktere sind unglaublich erfolgreich, weil sie sehr simple Lebensentwürfe in einer sehr komplexen Zeit vermitteln. Ein überspitztes, schematisches Bild der Geschlechterrollen – kompromisslose Karikaturen. Weil aber diese simpleren Rollenbilder – Mann hart, Frau weich – so tief kulturell in uns reingeprügelt wurden, sehnen wir uns in unsicheren Zeiten nach solchen Klarheiten. Im Netz werden diese Archetypen nochmals amplifiziert und als einzig »richtige« Daseinsform propagiert.

Die Zukunft ist weiblich(er). Aber auch Frauen sind – Überraschung! – verdammt unterschiedlich, sie auf einen Archetypus zu reduzieren ist Quatsch. Aber sie sind die sozialeren, empathischeren Wesen. Die Krisen unserer Moderne haben gezeigt, dass emotionale Besonnenheit und Einfühlungsvermögen nun wichtiger werden. Ein wunderbares Beispiel ist Neuseeland, deren Premierministerin Jacinda Ardern die Corona-Pandemie mit einer gesunden Mischung aus Härte und Empathie bewältigt hat. Oder Annalena Baerbock, die beweist, dass weibliche Führung genauso konsequent und hart sein kann wie bei den männlichen Vorgängern. Die Unterstellung einer »Verweichlichung« von Führung durch zunehmende »Verweiblichung« ist ein chauvinistisches männliches Argument, das kein Fundament in der Realität hat. Es ist kein Wunder, dass die Länder mit den glücklichsten Menschen, zum Beispiel Skandinavien, weiblicher geprägt sind als männlich traumatisierte Staaten wie Russland. Die Leadership-Prinzipien auf der Metaebene sind in Politik und Wirtschaft sehr ähnlich, es geht bei beiden um Menschen und Differenzen. Female Leadership bedeutet nicht nur mehr Frauen in Führungsebenen, sondern ein fundamentales Umdenken, was es bedeutet, gut zu führen. Die Maximierung von Glück und Sinn statt Status und Ego – für alle Involvierten.

Vertrauenskultur

Die Zeiten am Arbeitsmarkt sind wild. Zum ersten Mal seit einer sehr, sehr langen Zeit müssen Unternehmen für die jungen Talente attraktiver werden. Die längste Zeit wiegte man sich in der Gewissheit: Die Leute kommen sowieso zu uns, aber nun sind wir zum Glück in einer neuen Normalität. Die »Friss oder stirb«-Welt funktioniert nicht mehr, dazu haben die so dringend gesuchten Arbeitskräfte zu viel Macht. Allein der Blick auf die demographische Glocke zeigt, es werden immer weniger (junge) Menschen auf immer mehr Arbeitsplätze kommen, was ihnen eine neue Verhandlungsmacht eröffnet. Es ist schon etwas schräg, dass in Zeiten der massiven Inflation Unternehmen gleichzeitig Rekordprofite erzielen. Da darf man schon einmal die gute alte Arbeitswelt in Frage stellen. Während also die Chefs absahnen, sollen Lohnabhängige die Entwertung ihres Einkommens duldsam ertragen. Das kann nicht lange gutgehen. Ein paar Jahre kann man dieses

Spiel vielleicht zynisch durchziehen, dann wird es aber eng mit dem Nachwuchs.

Dabei wird dauernd von Vertrauenskultur gesprochen. Vor allem in Zeiten des Homeoffice mussten Unternehmen immer mehr davon aufbringen. Aber sollten sie sich nicht auch bemühen, dass wir ihnen vertrauen? Nach dem Berufseinstieg die Hälfte seines Gehaltes für Fixkosten ausgeben, während das Unternehmen so hohe Profite schreibt wie noch nie? Es riecht alles ein bisschen nach Klassenkampf, und das können wir uns angesichts der Krisen unserer Zeit wahrlich nicht leisten. Vertrauen ist keine Einbahnstraße.

Es braucht also einen Gesinnungswechsel in der Beziehung zwischen Arbeitgeber:in und -nehmer:in. Zu arbeiten, um Geld für den oder die Chef:in zu scheffeln, geht nicht mehr, wenn er oder sie das 250-Fache verdient. Denn dazu ist die Diskrepanz einfach zu gigantisch und nicht mehr verhältnismäßig. Es gibt wirklich fantastisch beeindruckende Führungspersonen, die ganz klar einen Rang weit oben im sozioökonomischen Gefüge verdient haben. Leistung soll sich auch lohnen – wahrlich kein kommunistisches Plädoyer. Gleichzeitig muss man darauf hinweisen, dass die Einkommensschere zu groß geworden ist, ohne gleich als links randständig abgestempelt zu werden.

Im Industriezeitalter hatten die Chefs traditionellerweise ihr Büro im obersten Stockwerk, aus dem sie durch ein großes Glasfenster über die ganze Fabrik wachen konnten. Damals waren die Tätigkeiten redundanter und »überwachbarer«. Im Übrigen ließ diese Führungswelt die Menschen sich derart kaputtarbeiten, dass es Revolten und in der Konsequenz Gewerkschaften brauchte, um Kinderarbeit und 80-Stunden-Arbeitswochen zu verbieten. Insofern war es damals um das Vertrauen vermutlich nicht sonderlich gut bestellt. Es ist somit nicht überraschend, dass die Übertragung dieses Führungsstils in die Moderne nicht zu einer gesunden Vertrauensdynamik geführt hat. Die Covid-Lockdowns und die erzwungenen Vertrauensvorschüsse haben die Chefs größtenteils eines Besseren belehrt. In der Zeit, in der es einfach keine andere Möglichkeit außer dem Homeoffice gab, hat sich gezeigt, dass Mitarbeiter:innen nicht einfach nur faulenzend rumsitzen, wenn der Boss ihnen nicht auf die Finger schauen kann. Es kann nicht oft genug betont werden: Menschen, die den Sinn hinter ihrer Arbeit sehen, führen diese aus, weil es sie erfüllt, oder sie wissen, dass sie dadurch ihr Umfeld verbessern. Man will, zu seinem eigenen Vorteil, die Arbeit nicht auf die Kolleg:innen abwälzen, so kooperativ ist der Mensch. Es gab in der Zeit des erzwungenen Homeoffice sogar Versuche, eine App zu verwenden, die alle fünf Minuten überprüft, ob man auch brav vor dem Rechner sitzt und fleißig arbeitet. Wer diese Form der Führung durchziehen möchte, hat es wahrlich nicht verstanden. Kein Wunder, dass sich diese Art der Dauerüberwachung nicht durchgesetzt hat, die Kündigungswellen wären einfach zu brutal gewesen, das wussten sogar die aggressivsten und kontrollsüchtigsten Manager:innen. Deswegen funktioniert auch das vollständige Zurückzwingen ins Büro so schlecht, haben die Mitarbeiter:innen und Chefs doch leibhaft erfahren, dass es auch anders geht. Den Vertrauensaspekt ausschließlich auf die Führung abzuwälzen ist natürlich verkürzt, aber da es nun ein erfolgreiches Riesenexperiment in Fragen des Vertrauens gab, das durchaus geglückt ist, können wir doch daran anknüpfen. Wenn wir uns darauf einigen können, dass es wahrlich eine neue, genuine Vertrauenskultur braucht, stellt sich also die Frage, wie wir diese bewerkstelligen können. Flexibilisierung und Eigenständigkeit und Wertschätzungsfragen in Form von Bezahlung sind keine Kleinigkeiten, dafür benötigt es schon Prinzipien statt nur leerer Versprechen.

Was sind das also für Prinzipien, und wie können wir gemeinsam neue Grundsätze für das Arbeitsverhältnis formulieren?

Vier Leitsätze:

1. Hierarchien sind nicht so schlimm, wie alle sagen. Es kann sogar klappen, Hierarchien aufrechtzuerhalten und sich gleichzeitig auf Augenhöhe zu begegnen. Genauso wie der oder die Chef:in nicht mehr automatisch eine Respektsperson ist, vor der man zu kuschen hat, bricht das Unternehmen auch nicht gleich zusammen, wenn nicht alles durchdelegiert wird. An alles Chefs: Gebt mal ein bisschen Verantwortung ab, ihr werdet sehen, es bewirkt Wunder.

2. Die Unternehmenswerte bestimmt die Führungsetage nicht alleine. Klar, eine gewisse Ausrichtung gibt es, deswegen sind die Angestellten auch zu euch gekommen, aber bitte vergesst nicht, ein Unternehmen ist wie ein lebendiges Wesen. Es bewegt und verändert sich, schlägt auch mal eine andere Richtung ein, wenn die sich einfach richtiger anfühlt, und das ist auch gut so.

3. Schaffen wir endlich die fixen Arbeitszeiten ab. Jede:r Mitarbeiter:in weiß, wie lange gewisse Projekte brauchen, und kann am besten einschätzen, wann diese abgeschlossen sind. Klar, das lässt sich nicht auf jede Berufssparte umlegen, vermieden werden soll lediglich, dass Zeit in

den Büros abgesessen wird, aus Angst, heruntergestuft zu werden, weil die eigene Arbeit keine 40 Stunden in Anspruch nimmt.

4. Fördern wir heterogene Teams! Keine Scheu vor dem eventuellen Konfliktpotenzial, glauben Sie mir, es lohnt sich, wenn endlich mehrere Stimmen und Blickwinkel gehört und geteilt werden. Ihre Kund:innen bestehen doch auch nicht nur aus ein und derselben Person. Gemeinsam verschieden sein, lautet die Devise. Einheitsbrei ist langweilig und schmeckt fad.

Und wer sind jetzt die paar, die es scheinbar schaffen, ihre Mitarbeiter:innen zu halten, die trotzdem Gewinne erzielen und scheinbar alles richtig machen? Ein Bespiel ist das brasilianische Unternehmen Semco Partners. Denn wovon der Großteil der Firmen heute noch nicht überzeugt ist, hat CEO Ricardo Seiler bereits vor 30 Jahren umgesetzt: keine begrenzten Urlaubstage mehr, keine fixe Arbeitszeit. Und das mit Erfolg: Semco Partners streicht nicht nur mehr Umsatz als je zuvor ein, sondern ist auch einer der beliebtesten Arbeitgeber Brasiliens. Beim Thema flexible Urlaubsgestaltung haben in den vergangenen Jahren einige nachgezogen, wie das österreichische Krypto-Unternehmen Bitpanda, das seinen Mitarbeiter:innen unbegrenzten Urlaub zur Verfügung stellt, jedoch aufgrund der aktuellen Marktsituation eher durch seine massiven Kündigungen Schlagzeilen gemacht hat. Man kann mit Fug und Recht behaupten, dass dies eher am Krypto-Absturz lag als an zu wenig Produktivität innerhalb der Organisation. Die bekanntesten Unternehmen, die den unbegrenzten Urlaub eingeführt haben, sind sicherlich Netflix und Meta. Während dieses Modell für die einen super funktioniert, kann es aber auch Nachteile bringen, die auf den ersten Blick widersprüchlich scheinen: Es werden nämlich im Vergleich weniger Urlaubstage in Anspruch genommen. Warum ist das so? Die Verantwortung über die Anzahl der Urlaubstage nimmt jede:n Mitarbeiter:in selbst in die Pflicht, über seine oder ihre Zeit zu verfügen. Der Nachteil dabei ist, dass Urlaub erst genommen wird, wenn die Arbeit wirklich erledigt ist, und das ist sie in den meisten Fällen nie. Deswegen wäre hier noch das Konzept der Workation als Ergänzung empfehlenswert. Erhöhte Selbstverantwortung führt also zu einer starken Selbstverpflichtung.

Für den Arbeitgeber zunächst mal etwas Positives, die Angestellten fühlen sich verantwortlicher für das, was sie tun. Man sollte nur aufpassen, dass diese nicht zu schnell ausbrennen, um dann gänzlich vom Arbeitsmarkt zu verschwinden. Was braucht es also, damit unbegrenzter Urlaub funktionieren kann? Nun zunächst einmal ein klares Übereinkommen, welche Rahmenbedingungen gelten. Wer vertritt mich, wie spontan kann ich Urlaub nehmen, gibt es dann noch so etwas wie Zeitausgleich, Sonderurlaub oder Workation? Wenn die zentralen Fragen, die das Unternehmen in Bezug auf die Arbeitszeit umtreiben, geklärt sind, braucht es nur noch eines: gegenseitiges Vertrauen.

Emotionen? Kann ich die skalieren?

Wo Arbeit und Freizeit verschwimmen, kann das ewige Spiel des professionellen Ichs nicht mehr lange aufrechterhalten werden – und das ist gut so. Work-Life-Blending lässt grüßen. Denn jede:r von uns war schon einmal in der Situation, in der gefühlt jede:r um einen herum mehr Know-how, Professionalität und Selbstvertrauen an den Tag gelegt hat als man selbst.

Spricht man dann mit den Kolleg:innen privat, sieht die Sache schon ganz anders aus. Das Tragische: Solche Treffen fanden dank Corona nun zwei Jahre nicht statt, und gerade unter neuen Angestellten wurde so die Unsicherheit groß, nicht richtig dazuzugehören und die Arbeitskultur nicht zu verstehen. Ergo konnte keine grundlegende Selbstsicherheit aufgebaut werden, was sie wiederum dazu veranlasste, schneller zu kündigen. Sie sehen schon, ein Teufelskreis. Wieso halten wir nach wie vor noch daran fest, am Arbeitsplatz keinerlei Emotionen zu zeigen und uns so professionell, wie es nur geht, zu verhalten. Klar, ein gewisses Maß an Professionalität benötigen wir alle, genauso wie eine Distanz, schließlich müssen die Kolleg:innen nicht zu den besten Freund:innen werden. Aber sich gegenseitig einzugestehen, dass das Vorstandsmeeting einem großes Unbehagen bereitet und man unglücklich über die Arbeitsverteilung im neuen Projekt ist, wird dann doch lieber mit dem oder der Partner:in zu Hause durchgesprochen. Tun wir den armen Partner:innen doch einen Gefallen und teilen unsere Sorgen und Ängste mit denen, die es auch betrifft. Wie auch in Familien werden verschwiegene Konflikte immer schlimmer, je länger sie unter den Teppich gekehrt werden. Emotionen sind zutiefst menschlich, aber in der Arbeit verpönt. Sie zu leben ist natürlich ein Balanceakt. Gar nicht so einfach. Es braucht jedenfalls ein Umfeld, das Emotionen zulässt, und das kann nicht bottom-up passieren. Soziale Gefüge haben eine wunderbare, charmante und unterschwellige Art, ungewünschtes Verhalten zu sanktionieren. Aber dieser Prozess muss zugelassen werden, bei dem auch einige Ausrutscher passieren werden. Erfahrungsgemäß kommen unterdrückte Emotionen erst bei der Unternehmensfeier rund um Weihnachten zum Vorschein, wenn alle schon zu viel gesoffen haben und sich endlich trauen.

Ein Schockmoment, war doch das Unternehmensklima bis dahin so »harmonisch«. Liebe Führungskräfte: Bitte reißen Sie den Kummerkasten, der vor dem HR-Büro hängt, ab und beginnen Sie mit Ihren Angestellten zu reden. Laden Sie sie zum Essen ein, meist wissen sie am besten, was sie benötigen.

III Nachhaltig arbeiten

Immer höher, schneller, weiter – das funktioniert langsam nicht mehr als Paradigma, das wissen wir. Wie wir dagegen angehen können, das ist uns noch nicht so ganz klar. Sprechen Sie immer öfter darüber, keine 40 Stunden die Woche absitzen zu wollen, endlich Ihre Freizeit zu genießen, trauen sich aber noch nicht so ganz darüber hinauszugehen? Keine Sorge, Bewegungen wie die Great Resignation zeigen, Sie sind nicht alleine mit diesen Gedanken. Und warum auch? Wir sind produktiver denn je, arbeiten aber gleich viel, wenn nicht sogar mehr. Überlassen wir die redundanten Arbeiten nun endlich den Robotern und widmen uns sinnvolleren Tätigkeiten. Das altbewährte Wachstum und die Steigerung des Konsums müssen hinterfragt werden mit Blick auf soziale Ungerechtigkeiten und den Klimawandel. Auch wenn wir Individuen uns oft machtlos gegenüber den bestehenden Strukturen fühlen, es gibt eine ganze Menge Möglichkeiten. Zusätzlich kann durch die Vernetzung im Internet viel schneller die kritische Masse erreicht werden, um Entscheidungsträger:innen zum Wandel zu zwingen. Vor allem mit Blick auf das Klima auf unserem wunderschönen Planeten ist es höchste Zeit, etwas zu ändern. Viel Zeit bleibt uns nicht.

Moderner Minimalismus

Kennen Sie das, Sie stehen im Supermarkt und sind schon nach fünf Minuten genervt, weil es das gleiche Produkt in zigfacher Ausführung gibt und das sie dazu zwingt, eine Entscheidung zu treffen? Was bei der richtigen Müsliwahl noch ein tragbares Unterfangen ist, summiert sich im Laufe unseres Lebens zu immer kleinteiligeren Entscheidungen, die in ständige Kopfschmerzen und das Gefühl der Überforderung münden. Wir starten im Supermarkt: Denn Müsli ist nicht gleich Müsli, man beachte Herkunft, Inhalt, mögliche Zusatzstoffe, und, oh weh, die nachhaltige regionale Marke wurde gerade von Nestlé gekauft, dann doch lieber was anderes zum Frühstück ... Ich persönlich umgehe dieses Dilemma, denn ich bin in der Früh meist viel zu schlecht gelaunt, um zu essen.

Was beim Einkaufen beginnt, zieht sich durch unser ganzes Leben und somit auch die Arbeitswelt. Auf eine Mail erst nach acht Stunden antworten? Ein Ding der Unmöglichkeit, wenn wir auf eine Antwort warten, schicken wir schon mal schnell ein, zwei, drei Slack-Nachrichten hinterher. Notfalls, aber wirklich nur notfalls, greifen wir sogar zum Telefon. Währenddessen glüht unser Handy vor lauter Whatsapp-Gruppenchat-Nachrichten, und wir werden das Gefühl nicht los, nicht hinterherzukommen. Im Gegenteil, am Ende des Arbeitstages haben wir nichts von dem erledigt, was auf unserer To-do-Liste stand. Also dringend aufräumen! Es wirkt alles etwas beschleunigt, überhitzt und vollgestopft. Oftmals sind wir gezwungen, unseren Alltag dermaßen zu optimieren, dass uns nicht viel von der Maschine trennt. Zeitdruck, Konsumzwang, zu viele Möglichkeiten und immer die Sorge, etwas zu verpassen, kann sehr ungesund sein. Zum Glück gibt es aber schon Ansätze, um dieser

Hyperbeschleunigung zu entkommen. Die entsprechende Bewegung dazu ist der sogenannte moderne Minimalismus. Bitte verstehen Sie mich nicht falsch, Minimalismus hat nichts damit zu tun, unfreiwillig weniger zu besitzen, denn das Privileg, sich bewusst gegen Konsum zu entscheiden, hat nur der, der alle lebensnotwendigen Dinge besitzt. Marie Kondo, die bei Netflix Aufräumen als hippen Trend verkauft, kann ein Lied davon singen, wie sehr wir uns wünschen, unseren Alltag zu entrümpeln, um die tiefsitzende Angst von fehlender Kontrolle wieder in den Griff zu bekommen. Was brauchen wir wirklich, und was haben uns nur die Werbung und das Hamsterrad des Dauerkonsums eingeredet? Marie Kondo hat allerdings nicht bedacht, dass das Problem nicht endet, wenn wir alle ungeliebten Dinge einfach auf den nächsten Müllhaufen werfen, nur um munter immer weiter konsumieren zu können. Wie lösen wir das Problem also? Richtig – wir konsumieren weniger und, Überraschung, produzieren dadurch auch weniger. Das Enthüllen des eigenen Lebens ist ein wunderbarer erster Schritt, sollte aber konsequent weitergeführt werden.

Wir müssen dabei wegkommen vom Narrativ des Verzichtens, denn das verfehlt das gesamte Konzept. Der Verzicht auf Fleisch beispielsweise hat ethische und umwelttechnische Gründe und ist dabei kaum mehr Verzicht, sondern die Zuwendung zu Tieren und zum Planeten. Abgesehen davon sind die neuen Fleischersatzprodukte mittlerweile beeindruckend lecker. Der Verzicht auf das permanente Abhängen auf den sozialen Medien hat auch wenig damit zu tun, soziale Aspekte des Lebens zu negieren, es geht darum, seine Freunde einfach im »echten Leben« zu treffen und im Moment zu leben. Klingt cheesy, klappt aber wirklich. Steve Jobs trug zeit seines Lebens Rollkragenpulli, einfach weil er sich so die ständige Entscheidung der Wahl des Outfits sparte, ein ähnliches Konzept verfolgte auch Barack Obama. Durch diese Form des Minimalismus haben wir wieder den Kopf frei für wichtige Entscheidungen, und die bestehen nicht darin, dem Arbeitskollegen noch mehr Mails zu schreiben oder noch mehr Wurst zu essen. Durch ein Rückbesinnen auf das, was wir wirklich wollen und brauchen, entsteht mehr Freiheit und Freizeit statt weniger.

Die blaue Ökologie

Umweltschutz ist schon lange kein Thema mehr, dem man sich im Unternehmen stiefmütterlich widmen kann. Es ist schon längst raus aus der Hippie-Schiene, auf die Straße getragen von denen, die zukünftig den Arbeitsmarkt entern werden. Unsere alte Vorstellung einer grünen Ökologie, die geprägt ist von Schuld und Verzicht, spielt da keine große Rolle mehr. Auch wenn der Diskurs oft über die anstrengende Zukunft voller Beschwernisse geführt wird, kann das nicht das Ziel unserer gemeinsamen Reise auf dem Planeten Erde sein. Was ist diese negativ konnotierte Grüne Ökologie, und warum überlassen wir die in Zukunft noch den Unternehmen, die Greenwashing betreiben? Wohlbekannt ist der Club of Rome, der uns vor langer Zeit schon predigte, Ressourcen seien endlich und damit permanent knapp. Und heute? Steigt bei uns die Nervosität, wenn ein Riesenfrachter im Suezkanal stecken bleibt oder Kriege die Lieferketten unterbrechen. Uns überkommt die Angst, dass es nicht weitergeht wie bisher und wir uns einschränken müssen. Dabei wäre der Planet ohne uns besser dran und wir betreiben weiter rücksichtslos Raubbau. Währenddessen schieben wir uns gegenseitig die Schuld zu. Oder noch besser, wir exkulpieren uns von jeglicher Selbstwirksamkeit, denn was soll schon ein kleines Land wie Deutschland gegen Klimasünder wie China anrichten? Klingt nicht unbedingt zukunftsfähig, und ich garantiere Ihnen, die junge Generation macht da nicht mehr lange mit. Wir brauchen dringlich einen neuen ökologischen Zugang, der uns auch Lust auf die Zukunft macht. Apokalyptiker:innen gibt es schon mehr als genug.

Wenn man zum Beispiel den Ansatz der Cradle-to-Cradle-Bewegung nutzt, findet man hin zu einer vertretbaren Umweltbelastung, vor allem über die Stärkung guter Ansätze und Lösungen, die Konsum nicht einfach verbieten, sondern ein flexibles, effektives System etablieren, das umwelt- und gesundheitsbezogene, wirtschaftliche und soziale Ziele vereint.

Verkürzt ausgedrückt, könnte man es mit einem Leitsatz beschreiben: Abfall ist nur Rohstoff am falschen Platz. So kann man Produkte herstellen, die in ihre Einzelteile zerlegt werden und wieder in den Kreislauf eingespeist werden können. Gerade mit Blick auf die Arbeitswelt kann ich nur die Cradle-to-Cradle-Bürostühle empfehlen – das soll keine Werbung sein, es trifft sich nur mit thematisch sehr gut. Wirkliche, konsequente Kreislaufwirtschaft, von den Chemiker:innen dieser Welt konzipiert, die verstehen, mit der richtigen Produktionsweise alles wiederzuverwerten. Die Produkte können also wirklich, im Sinne des Wortes, recycelt werden. Eigentlich imitiert dieses Prinzip nichts anderes als unsere beste Lehrerin, namentlich Mutter Natur. Man denke an Kompost, das ist auch kein Abfall. Ohne esoterisch klingen zu wollen: Alles ist verbunden.

Beim Thema Energiewirtschaft heißt das etwa, nicht nur auf Energieeffizienz zu setzen, sondern grundsätzlich Alternativen zu suchen zu umweltschädlichen Optionen – die sich mit den erneuerbaren Energien bereits anbieten. Das ist der Weg von einer effizienzorientierten grünen Ökologie zu einer realistischen, effektivitätsorientierten blauen Ökologie. Eines Tages werden wir in ein Zeitalter kommen, in dem wir viel zu viel Energie haben und gar nicht wissen, wohin damit. Die Erde ist kein geschlossenes System, alleine die Sonne oder die Wellen des Meeres bieten uns so viel Energiepotenzial, dass wir eigentlich auf den Dinosauriersaft, von dem wir so abhängig sind, verzichten könnten. Bitte nicht falsch verstehen, die fossilen Brennstoffe waren eine lange Zeit lang unglaublich praktisch. Der Fortschritt, den diese Energiemittel global bewirken konnten, war fantastisch. Wir sollten keinen Groll gegen sie hegen, sondern eher sagen: Danke für die schöne Zeit, aber wir müssen jetzt weiter in ein nächstes Zeitalter. Die Wirtschaft von morgen wird auch noch sehr viel mehr Energie benötigen, und irgendwann ist das Öl einfach alle.

Eine wesentliche Unterscheidung liegt in den Begriffen der Effizienz und Effektivität. Das Denken in Effizienz-Kategorien ist geprägt vom Industriezeitalter. Effizienz ist, wenn man aus einem begrenzten System immer mehr herausholt. Im Effizienzdenken müssen alle Teile eines Systems optimiert werden. Dabei entsteht immer das Problem von Ausbeutung, Übergriffigkeit, Knappheit und Störungsanfälligkeit. Effektivität hingegen ist ein Prinzip der Natur und dient als Vorbild für Cradle-to-Cradle. In einem effektiven System arbeiten alle Elemente auf eine entspannte und intelligente Art und Weise zusammen. Ein effektives System ist immer ein System mit genügend Kapazitätsreserven, das auf Wandel mit Anpassung reagieren kann, Wirkung entfaltet sich auf elegante Art und Weise, nicht mit Stress und Optimierung. Und wenn wir eines brauchen in unserer superhektischen Welt, dann ist es weniger Stress (und Zoom-Meetings). Man könnte sagen, eines Tages kommen wir in das Zeitalter des nachhaltigen Hedonismus oder, noch dramatischer, das der intelligenten Verschwendung.

Greenwashing 2.0

Spätestens seit dem Dieselskandal wissen wir, was Greenwashing ist. Dagegen getan wird wenig. Doch dieses Problem können wir getrost mit der Arbeitswelt von gestern begraben. Denn nachhaltig zu wirtschaften ist nichts, was man sich mal erlauben kann, um gute Publicity zu bekommen. Wenn die Kids auf die Straße gehen und für unseren Planeten demonstrieren, kommen schnell kritische Töne. Die verwöhnten Gymnasiasten würden danach ja dennoch bei Billiganbietern einkaufen und durch die Welt fliegen, Hauptsache, freitags Schule schwänzen. Doch das ist Whataboutism, wenn einer etwas Gutes tut, findet sich immer etwas, das noch nicht so ganz passt, und das wird medial aufgebauscht und die Person kleingeredet. So kommen wir aber nicht weiter. Gerade Start-ups stehen vor der enormen Herausforderung, ihre Produkte und Verpackungen so zu produzieren, dass sie den Ansprüchen der Konsumenten gerecht werden, und müssen häufig die bittere Pille schlucken, dass ihnen Steine in den Weg gelegt werden. Denn unser Wirtschaftssystem belohnt nach wie vor die, die möglichst billig in hoher Stückzahl produzieren – die berühmten Economies of Scale. Es ist eben effizienter, 5000 Cheeseburger zu produzieren als nur 5, das leuchtet uns allen ein. Wenn über 30 Prozent des Burgerberges allerdings wieder im Müll landen, darf man sich schon die Frage stellen, wie sinnvoll dieses System eigentlich ist.

Wie es unserer Umwelt dabei geht, ist kein Problem von heute, darum sollen sich andere kümmern.

Die Great Resignation schlägt sich aber auch im Konsum nieder. Secondhand hat einen enormen Boom erlebt und nachhaltig zu leben ist plötzlich in. Produkte, die so produziert werden, dass sie kaum ein Jahr halten, werden einfach nicht mehr gekauft, und die wachsende Sharing Economy ermöglicht es, dass wir Dinge nicht mehr unbedingt besitzen, sondern teilen, selbst herstellen oder beispielsweise in Repair-Cafes wieder auf Vordermann bringen. Ich weiß, das klingt für so manchen Manager, dessen größtes Asset sein fetter Firmenwagen ist, völlig utopisch, aber wir wollen gar nicht mehr das größte Auto fahren, um unseren Selbstwert aufzupolieren, das kriegen wir vor unserem Umfeld auch gar nicht mehr gerechtfertigt. Beginnend bei der Werbung, der niemand mehr vertraut, dass das beworbene Produkt wirklich den Erwartungen entspricht, geschweige denn in real life überhaupt so aussieht. Den Bullshit-Filter haben wir alle bereits eingebaut, da helfen auch keine Influencer:innen, die uns das nächste qualitativ minderwertige Produkt anpreisen.

Side Note an alle Unternehmen, die es für eine schlaue Idee halten, allen Influencer:innen derselben Sparte zur selben Zeit Produkte zukommen zu lassen und hier noch gewisse Anforderungen zu stellen, welche Begriffe in den Storys fallen müssen. Die meisten eurer Wunschkunden folgen nicht nur einem oder einer Influencer:in, wenn der Feed also voll mit derselben Werbung nur mit anderen Gesichtern ist, macht euch das nur unglaubwürdig. Wo jeder einen öffentlichen Ruf zu verlieren hat, ist Transparenz Key. Wobei wir auch nicht bei jeder Kaufentscheidung endlos nachrecherchieren wollen, ob etwas wirklich sozioökologisch korrekt ist oder nur Schall und Rauch. Früher oder später wird es ein globales Gütesiegel geben, bei dem wir Konsumenten uns nicht als Investigativjournalisten fühlen müssen. Je früher, desto besser. Bis dahin stoppen wir bitte endlich Whataboutism und hören auf, Unternehmen zu fördern, die sich immer neue Wege einfallen lassen, ihre giftigen Produktionen mit neuen Gesichtern reinwaschen zu wollen. Es wird sonst wirklich bald Zeit für eine Greenwashing-Polizei.

Vom Consumer zum Prosumer

Transparenz ist kein Buzzword des 21. Jahrhunderts. Transparente Herstellung, Lieferung und Produktionsbedingungen sind elementare Teile der Kaufentscheidung. Von ökosozialen Herstellungsmethoden wird zwar oft gesprochen, wirklich ernst gemeint ist es nicht immer. So gibt es mehr als genug Unternehmen, die dieses Anliegen eher als PR-Frage sehen statt wahre Unternehmensverantwortung gegenüber der Gesellschaft und dem Planeten. Wo ein Überangebot besteht, ist der Konsument in der entscheidenden Rolle, und die versteht er keineswegs passiv. Daher werden wir in Zukunft von Prosumern statt einfachen Konsumenten sprechen. Doch was macht Prosumer genau aus? Erstmal ist es natürlich wieder ein schönes Trendwortspiel, eine Mischung aus Konsument und Produzent. Prosumer nehmen aktiv an der Entstehung des Produktes teil, Social Media ist hier ein elementarer Bestandteil, denn was früher in Facebook-Nischen besprochen wurde, findet heute seine Berechtigung im Mainstream. Niemand will wieder dasselbe Produkt kaufen, wenn es am Markt eines gibt, das besser zu einem passt. Und wie findet man heraus, was besser zu den Kund:innen passt? Richtig, man bezieht sie mit ein. Statt Fokusgruppen und Umfragen holt man sich die Individuen, die man mit seinem Produkt ansprechen möchte, gleich mit in den Produktionsprozess hinein. Von der Konzeption aufwärts. Spannenderweise bewerten Konsument:innen die Produkte nochmal positiver, wenn sie ihren Teil dazu beigetragen haben. Sie haben eine höhere Marken- und Produktbindung, wenn man es im Business-Jargon ausdrücken möchte. Wir erfreuen uns schließlich umso mehr über unser IKEA-Regal, weil wir es geschafft haben, es alleine zusammenzubauen, obwohl in der Beschreibung stand, es brauche zwei Personen. Dann macht es auch nicht so viel, dass zehn Schrauben übriggeblieben sind und das Regal sich nicht mehr abbauen lässt. Aber wieso wollen wir Unternehmen auch noch Schritte abnehmen und sind teilweise sogar bereit, dafür mehr zu bezahlen? Die Antwort liegt in der Psychologie. Wir bewerten Dinge, die uns gehören und an deren Entstehung wir uns womöglich selbst beteiligt haben, schlicht als wertvoller als die Dinge, die uns nicht gehören und zu denen wir keine Beziehung haben. Eine Portion emotionale Aufladung unseres Hab und Guts wollen wir nicht mehr missen. Dieser Verlustaversion, die übrigens auch dafür verantwortlich ist, dass wir so ungerne teilen (lieber bekomme ich nichts, Hauptsache der andere bekommt noch weniger – hier gibt es so einige spannende Experimente), verdanken es Unternehmen, dass wir brav weiterkaufen. Ihren Ursprung finden die Erkenntnisse zur Verlustaversion bei Studien des israelisch-amerikanischen Psychologen Daniel Kahneman. Bei einem Experiment wurden die Probanden im Rahmen eines Lottospiels befragt, ab welcher Höhe des Gewinnes sie eine fünfzigprozentige Wahrscheinlichkeit eines Verlustes von 100 Dollar verkraften würden. Sie antworteten, für die meisten überraschend wenig, fast überwiegend 200 Dollar, also genau die doppelte

Höhe des möglichen Verlustes. Wir sind also relativ vorsichtig, wenn wir etwas verlieren könnten. Wie sieht es aber aus, wenn wir nur gewinnen können, andere aber verhältnismäßig mehr? Dass wir auch sehr ungerne teilen, sofern es nicht absolut gerecht aufgeteilt ist, kennen all jene mit Geschwistern. Ein Experiment des Wirtschaftswissenschaftlers Werner Güth, das sogenannte Ultimatumspiel, beweist es. Denn dieser bot 1980 Passanten auf der Straße einen 100-Dollar-Schein an unter der Bedingung, diesen mit einer fremden Person zu teilen und es dürfe nur ein verdecktes Angebot abgegeben werden. Stimmt die andere Person zu, erhalten beide ihren Anteil, lehnt sie ab, gehen beide leer aus. Eigentlich müsste die andere Person immer zustimmen, gewinnen beide doch nur, doch das Ergebnis überraschte, denn bei Angeboten unter 30/70 Dollar wurde von mehr als der Hälfte abgelehnt. Es war schlicht zu ungerecht verteilt. Obwohl man von 0 auf 30 Dollar gekommen wäre, konnten das menschliche Ego und Stolz dies einfach nicht verkraften. Menschen sind wahrlich beeindruckend komplexe Wesen mit einem eingebauten Gerechtigkeitsinstinkt. Wie können wir diese Erkenntnis in unseren Alltag übertragen? Anstatt unserem Gegenüber, in dem Fall potenziellen Kund:innen, einfach eine Option hinzuwerfen, die er oder sie nehmen muss, beziehen wir sie doch ein bisschen mehr ein in die Entscheidungsfindung, indem wir gleich mit ihnen das Produkt bauen.

Die andere Seite des Prosumententums sind jene Personen, die sich dem System entziehen, indem sie sich vermehrt selbst versorgen – dann gibt es keine großen Verteilungskämpfe. Werden ihre Wünsche nicht adäquat von der Wirtschaft abgedeckt, macht man es eben gleich selbst. So gibt es eine ganze Do-it-

yourself-Welt, in der sich Menschen ihre eigenen Produkte zu-
sammenbasteln. Im Netz gibt es auch Unmengen von Videos,
die einem dabei helfen sollen. Aber auch der Mensch, der Ge-
müse im eigenen Garten anbaut oder seine Stromkosten mit
eigenen Photovoltaikanlagen senkt, fällt in diese Kategorie. Ich
will keinen Kohlestrom, also muss ich das wohl selbst in die
Hand nehmen, denn der Markt kann mir das nicht garantie-
ren. Ein gewisser Grad an Autarkie ist fantastisch, sofern das
Streben danach sich nicht aus Untergangsängsten speist. Die
sogenannten Prepper treiben es zu weit, erwarten jederzeit den
Weltuntergang und wollen deswegen unabhängig von allem
sein. Dort werden nicht nur Konserven und Energie gebunkert,
sondern mitunter auch Waffen. Das hat oft schon paranoide
Züge, gepaart mit einer leisen Hoffnung, dass unser ganzes System bald vor die Hunde geht.

So muss der Prosument entweder als Co-Designer von Pro-
dukten in Unternehmen gesehen werden oder sogar als eigener
Hersteller. Im Grunde steht aber hinter beiden Strömungen der
tiefe Wunsch, Lösungen für echte Bedürfnisse zu haben, statt
einfach immer nur den neuesten, coolsten Turnschuh anzu-
schaffen. Es ist der Versuch, aus dem klassischen Konsumrad
auszubrechen, der Werbung nicht die ganze Macht zu überlassen. Somit können wir in Zukunft auch vermeiden, dass immer
mehr dumme Gadgets produziert werden, die keiner braucht
und die verdammt viel Ressourcen aufbrauchen.

In Zukunft wollen wir das aber nur noch mit Sinn, denn
Co-Creation hin oder her, niemand kann mehr rechtfertigen,
dass Produkte so designt werden, dass sie passend zum Launch
der nächsten Generation kaputtgehen und unseren Planeten
zumüllen. Ich garantiere, dafür sind wir auch durchaus ge-
willt, mehr zu zahlen. Die Tendenz zur Quantität statt Quali-

tät muss ein Ende nehmen, am besten gleich, indem man die Konsument:innen mit einbezieht. Sonst basteln sie sich im Ende noch ihre eigene Welt, so wie sie ihnen gefällt.

Social Businesses

»Firmenchefs lassen sich freiwillig enteignen!« Okay, da steckt auch eine gute Portion Polemik mit drin, diese Schlagzeile ist dennoch eine nähere Betrachtung wert. Was hat es mit diesen ominösen Manager:innen auf sich, die auf ihre Auszahlungen verzichten und sich wieder auf das besinnen, warum sie oder ihre Vorfahren die Firma überhaupt gegründet haben? Es gibt ein spannendes Konzept, das den Ansatz verfolgt, dass eine Firma nicht mehr den Investoren gehört, sondern sich selbst und vor allem den dort arbeitenden Menschen. Gewinne werden nicht an Aktionäre ausgezahlt, sondern reinvestiert und Entscheidungen aus dem Firmeninneren getroffen. Damit wird der Begriff Sinn auf ein völlig neues Level gehoben: Denn solange eine Firma Personen gehört, die damit potenziell mehr Geld verdienen können, werden sie das tun. Das ist zwar wunderbar für Investor:innen, nur sind wir mittlerweile an einem Punkt angekommen, an dem das so nicht mehr funktioniert. Die Banker und Großinvestoren werden immer reicher, während der Großteil der Gesellschaft in echte finanzielle Schwierigkeiten gerät. Es ist immer einfach, Finanzinstitutionen und Wall Street zu beschuldigen, aber manchmal stimmt es auch einfach. Das soll keine antiwirtschaftliche Polemik sein, geht es der Wirtschaft gut, geht es bekanntlich allen gut. Nur kommt bei den meisten nichts mehr an, nur bei ganz wenigen. Wir leiden unter einer Erhitzung des Systems, wo Börse und Realwirtschaft kaum mehr etwas miteinander zu tun haben.

Gehört eine Firma sich selbst, kann sie sich ihrem eigentlichen Sinn widmen. Das ist auch auf den zweiten Blick mehr als schlüssig, immerhin geht der Großteil der Angestellten auch jeden Tag munter zur Arbeit, ohne am Gewinn beteiligt zu sein. Jetzt können wir uns natürlich fragen, warum machen die das? Nun, die wenigsten arbeiten, ohne irgendeinen Sinn in ihrer Arbeit zu sehen. Und die, die keinen Sinn erkennen, sind massiv unglücklich in ihrem Job und haben diesen gedanklich bereits abgeschrieben. Stichwort: Bullshit-Jobs. Ein Unternehmen kann nur davon profitieren, wenn der Sinn weg von der Dividende für wenige hin zum sozialen Profit für die Gesellschaft geht.

Nehmen wir jetzt also an, das Unternehmen gehört sich selbst. Schön und gut, das macht es aber noch lange nicht sozial. Was hat es also mit diesem ominösen Begriff des Social Business auf sich? Social Businesses fokussieren ihre unternehmerischen Aktivitäten darauf, die Welt ein kleines bisschen besser zu machen. Sei es politisch, sozial oder ökologisch. Gewinne werden meist in neue soziale Projekte reinvestiert oder gehen an Förderprogramme. Die Gewinnmaximierung steht dabei nicht im Vordergrund, weswegen die meisten Non-Profit-Organisationen sind. Klar, hier gibt es viele Schlupflöcher, und meist ist es gar nicht so einfach zu erkennen, ob das Unternehmen wirklich so sozial ist, wie es scheint oder erscheinen will.

Friedensnobelpreisträger Muhammad Yunus, einer der bekanntesten Social-Business-Pioniere, kennzeichnet diese Unternehmensform so:

1. Adressieren sozialer und ökologischer Probleme
2. Finanzielle und ökonomische Nachhaltigkeit
3. Keine Auszahlung von Dividenden über die Investition hinaus
4. Rückfluss von Profit ins Unternehmen
5. Umweltverantwortliches Handeln
6. Angemessene und marktgerechte Mitarbeitergehälter
7. Spaß an der Sache

Wir alle kennen Schlagzeilen von vermeintlich »guten« Marken, die insgeheim unter menschenunwürdigen Bedingungen agieren oder minderwertige Produkte verwenden. Am bekanntesten sind sicherlich die Skandale in der Textilindustrie, vor allem als 2013 eine Textilfabrik in Bangladesch zusammenstürzte. 1100 Menschen starben, weil rohe Gier jahrelang dazu führte, dass einfach drei Stockwerke auf das Haus gebaut wurden, um mit unserem endlosen Konsumdrang und Preisdruck mitzuhalten. Aber auch die jüngsten Enthüllungen rund um Amazon-Lagerhäuser, in denen Menschen nach mehr als drei Minuten auf dem Klo schon sanktioniert werden, lässt erschreckende Abgründe sichtbar werden. Menschen wie Maschinen zu behandeln führt in die Misere, sie auf die Sekunde zu micromanagen in den Untergang. Wie man als gefühlte Drohne Sinn außerhalb des Urlaubs finden soll, ist untersichtlich. Arbeiten, um zu leben, über diese Einstellung müssen Unternehmen hinwegkommen.

Schade für die, die sich wirklich bemühen, sinnstiftend zu sein. Doch auch hier spielt Whataboutism eine große Rolle. Denn während kleine Start-ups schwer dafür kritisiert werden, wenn die Lieferketten nicht zu hundert Prozent klimaneutral sind, wird munter bei Konzernen eingekauft, die bekannt dafür sind, unter widrigsten Bedingungen zu produzieren. Die Diskrepanz stört jedoch die wenigsten, so schlimm wird's schon nicht sein. Eine Studie kam zu dem Ergebnis, dass wir vermeintlich »guten« Marken, also allen, die für Familie, Tradition, Nachhaltigkeit etc. stehen, Fehltritte kaum verzeihen, egal, wie sehr das Unternehmen sich auch um Wiedergutmachung bemüht. Zuletzt war Ferrero Rocher in den Schlagzeilen, da sich Salmonellen in ihrer Schokolade befanden, klar, kein Kavaliersdelikt, aber durchaus etwas, das passieren kann. »Böse« Marken hingegen profitieren sogar noch von einem Fauxpas. Wir fühlen uns noch stärker zur Marke hingezogen, auch wenn diese keinerlei Bestrebungen zeigt, ihr Verhalten zu ändern. Deswegen verzeihen wir Action-Brands auch, wenn sie gefährliche Stunts durchführen, bei denen Menschen zu Tode kommen, wie Ferrari oder RedBull, vielleicht finden wir es sogar ein bisschen cool. Der Bad-Boy-Effekt vielleicht? Auch TrueFruits, die immer wieder durch geschmacklose Werbung polarisieren und über Kontroversen eine noch größere Fanbase gewinnen. Von geschmacklosen Sexwitzen bis zu rassistischen Sprüchen war da alles schon dabei. Was für Outlaws, nicht einmal Einsicht oder Entschuldigungen gibt es hier im Menü. Konträrerweise können wir einem Spielzeughersteller allerdings nicht verzeihen, wenn die Ökofarbe auf den Teppich abfärbt. Klar bei Lebensmitteln und den Kindern verstehen wir keinen Spaß, aber auch kleine Start-ups, die sich bemühen, die Welt ein kleines bisschen besser zu machen, werden breitenwirksam fertiggemacht, weil die Lieferkette nicht ganz CO_2-frei ist.

Wenn wir diesen Gedanken weiterspinnen, haben es Amazon und Co. leicht, immer größere Produktionszentren aufzubauen, ihre Mitarbeiter einzusperren und ihnen Trackingarmbänder umzulegen, wie Hunde, die ausbüxen können. Social Businesses haben nur eine Chance, wenn wir bei unseren Kaufentscheidungen eine Sekunde länger nachdenken, um die richtige Wahl zu treffen. Denn Nachhaltigkeit und das Gemeinwohl liegen in unserer sozialen Verantwortung, der wir uns nicht entziehen können.

Resilienz und (emotionale) Intelligenz

Resilienz ist irgendwie zu einem Buzzword verkommen, irgendwie schade, was allen diesen schönen Begriffen widerfährt. Resilienz gibt sich mit dem Begriff Burn-out die Klinke in die Hand, hat man das eine, bekommt man das andere nicht. Aber ist das so einfach? Und warum braucht es Resilienz, um wirklich nachhaltig arbeiten zu können. Definieren wir zuerst den Begriff Nachhaltigkeit neu. Denn dieser kann nicht nur ökologisch verstanden werden, sondern schlicht so, dass das eigene Wirken einen langfristigen Impact hat. Auf einen selbst sowie das eigene Umfeld. Gleiches gilt für Resilienz. Klar kann man weiter dröge dieselbe Tätigkeit jeden Tag wiederholen, glücklich wird man dadurch nicht, und mit Resilienz hat das Ganze auch wenig zu tun. Resilienz bedeutet Widerstandsfähigkeit, eine Eigenschaft, die unsere Vorfahren in den Fabriken zur Genüge beweisen mussten, aber würden wir sie heute als resilient bezeichnen? Wohl eher nicht, sie waren einfach robust und leidensfähig. Die Anforderungen an die heutige Arbeitswelt werden immer größer, immer schnelllebiger. Da reicht es nicht, einfach widerstandsfähig zu bleiben, sondern ein neues Verständnis von Resilienz zu leben. Mit Krisen umzugehen, aus ihnen zu lernen, sich vielleicht sogar auf den Wandel zu freuen, das ist wahre Resilienz. Einfach nur hart zu sein und sich keine Fehler einzugestehen ist eher das Gegenteil davon.

Wir brauchen zusätzlich zu einer guten Portion Resilienz emotionale Intelligenz. Schon C. G. Jung hat mithilfe des (mitunter umstrittenen) Archetypen-Modells eine Möglichkeit entwickelt, sich selbst und die eigenen Stärken und Schwächen einzuordnen. Daraus entstand das Fünf-Faktoren-Modell. Die unterschiedlichen Ausprägungen lauten: Extraversion, Offenheit, Neurotizismus, Verträglichkeit und Gewissenhaftigkeit. Diese sind bewusst nicht wertend formuliert und beschreiben die jeweiligen Persönlichkeitsmerkmale von Individuen. So findet eine extrovertierte Person Entspannung im Gespräch mit Freund:innen und genießt den Trubel, den jemand mit Ausprägung zur Introversion eher verabscheut. Offenheit bedeutet ein großes Spektrum an Interessen und eine generelle Aufgeschlossenheit gegenüber Neuem. Neurotizismus ist die emotionale Stabilität einer Person, die sich in Launenhaftigkeit und Angespanntheit äußert. Personen mit einer geringen Ausprägung zum Neurotizismus können daher allgemein auch als eher resilient bezeichnet werden. Verträgliche Menschen sind besonders einfühlsam und mitfühlend, sie sind höchstwahrscheinlich emotional intelligent, und gewissenhafte Personen sind, wenig überraschend, besonders zuverlässig und organisiert. Das Interessante, durch das Fünf-Faktoren-Modell lassen sich auch die eigenen Jobchancen vorhersagen. So braucht es, um beruflich erfolgreich zu sein, vor allem Intelligenz, diese spielt im Fünf-Faktoren-Modell keine und jede Rolle, denn dieses ist, wie bereits erwähnt, nicht wertend zu verstehen. So kann eine Person besonders intelligent sein, egal, welche Persönlichkeitsausprägung sie aufweist. Wenn wir uns, rein hypothetisch, zu hundert Prozent sicher sein wollen, dass wir beruflich erfolgreich werden, würde unsere Intelligenz zu 64 Prozent davon ausmachen, ob der Erfolg auch eintritt. Bevor jetzt alle panisch zu diversen IQ-Tests auf Facebook klicken, gibt es noch einen viel interessanteren Parameter, der beruflichen Erfolg voraussagen kann. Denn besonders gewissenhafte Persönlichkeiten haben beispielsweise eine nicht unbeträchtliche Tendenz dazu, erfolgreich zu werden (diese macht zu 28 Prozent beruflichen Erfolg aus). Es ist also etwas dran an dem Sprichwort: Übung macht den Meister. »Fun Fact«-Personen, die eine geringe Verträglichkeit aufweisen, also eher wenig mitfühlend mit ihren Mitmenschen agieren, landen am wahrscheinlichsten entweder im Gefängnis oder an der Spitze so mancher Hierarchien. Emotionale Intelligenz wird in diesem Modell per Definition noch nicht berücksichtigt. Intelligente Personen sind nämlich besonders offen, wobei Offenheit (noch) kein Prädiktor für beruflichen Erfolg ist. Vielleicht sollten wir eher an den Strukturen rütteln, die Einzelgängertum belohnen, statt an den Individuen, die sich dort hochkämpfen. Verabschieden wir uns also schleunigst vom alten System, das übrigens besonders Menschen mit psychopathischen Ausprägungen fördert, und setzen Personen mit hoher emotionaler Intelligenz und Offenheit an die Führungsspitze, dort sind sie viel besser aufgehoben, als die, die immer noch die Ellbogen ausfahren. Welches Geschlecht über tendenziell mehr emotionale Intelligenz verfügt, haben wir bereits in einem vorherigen Kapitel ausgeführt.

Nachhaltigkeit ist kein rein klimatisches Problem, nachhaltig zu arbeiten bedeutet, sozial zu sein, auf die Gesundheit zu schauen und nachhaltig etwas Gutes für sein Umfeld zu tun. So gibt es neben dem altbekannten Greenwashing auch das Bluewashing, bei denen Unternehmen und Regierungen so tun, als wären sie besonders sozial, aber es sich eigentlich nur um eine große Marketing- beziehungsweise Propagandaaktion handelt. Das können wir im Zeitalter der vermeintlich demokratisierten Informationen nicht weiter durchgehen lassen. Das Waschen sollte sich in Zukunft auf Leib und Kleidung begrenzen. So etwas gelingt nicht einfach von heute auf morgen und ist auch in den Marketingabteilungen falsch verortet. Nachhaltig positiv zu sein muss von jedem Einzelnen mitgetragen werden. Das Innen und das Außen müssen zusammenpassen, abgesehen davon, dass man Green- und Wokewashing sofort durchschaut, fallen auch nicht gelebte Unternehmenswerte schnell auf. Mitarbeiter:innen stehen via Social Media untereinander in Kontakt, und wenn ein Unternehmen nach außen hin etwas predigt, das es im Inneren nicht einhält, wird es niemanden lange halten können. Im Grunde hat nachhaltiges Wirtschaften zwei Komponenten: eine bessere, emotionalere und sozialere Organisation zu schaffen sowie mittlerweile eine ebenso wichtige, sich der Ökologie und der Zukunft unseres Planeten zu widmen.

Nachhaltige Jobs schon heute

Nachhaltigkeit im ökologischen Kontext ist ein Thema, das das gesamte Unternehmen betrifft. Dass sich nicht jede:r Mitarbeiter:in gleichermaßen dafür einsetzt, ist verständlich. Umso wichtiger, dass sich Vorreiter Positionen schaffen, in denen sie den Sinn des Umweltschutzes ins eigene Unternehmen holen. Wenn Nachhaltigkeit von den obersten Etagen nur als Kostenpunkt verstanden wird, müssen wir eben anderswo loslegen.

Corporate Sinnfluencer:innen

Wir wissen bereits, Influencer:innen im herkömmlichen Sinne werden es in Zukunft nicht leicht haben. Denn stupide Produktwerbungen auf unser Smartphone bekommen wir genug, und in Zukunft langweilt uns die immer gleiche Optik noch mehr. Klassische Influencer:innen haben also ausgedient, wir wollen echte Inhalte. Und wer kann die bieten? Leider nicht der hundertste Influencer mit Fokus auf Mode, Interior und Lifestyle, sorry. Während Millennials TikTok nicht mehr verstehen und Instagram schon für tot erklärt wurde, hat LinkedIn einen kleinen Boom erlebt. So ist bekannt, dass die Plattform regelmäßiges Posten durch hohe Sichtweite belohnt und die Interaktion untereinander vermeintlich großgeschrieben wird. Okay, wir kennen alle die Selbstbeweihräucherungs-Posts vom ehemaligen Mitschüler, der im echten Leben relativ wenig hat, mit dem er prahlen kann. Aber to be fair, dafür kann LinkedIn nichts, der Typ ist auch im echten Leben eher peinlich. LinkedIn steht dafür, sich im unternehmerischen Kontext auszutauschen und ein Netzwerk aufzubauen. Gerade hier sind neben Privatpersonen vermehrt Unternehmen vertreten. Diese haben es aufgrund des Algorithmus etwas schwerer, Unternehmensinhalte werden nicht so leicht geteilt und erhalten weniger Reichweite, unabhängig vom Inhalt. Meist können sie aber den spannenderen und fundierteren Inhalt bieten, einfach weil ein mehrköpfiges Team dahintersteckt. Ja, die emotionalen Posts sind momentan noch reichweitenstark, aber wir fanden auch alle mal die Youtube-Katzenvideos lustig, bis es 345 678 davon gab. Aus dieser Problematik hat sich etwas ziemlich Spannendes herauskristallisiert: Corporate Influencer. Also Mitarbeiter:innen eines Unternehmens, die die Unternehmensinhalte teilen und ihre persönliche Einschätzung dazugeben. Sie lassen uns hinter die Kulissen des Unternehmens blicken, und damit wird das Unternehmen einem gehörigen Realitäts-Check unterzogen, denn jegliche Form des Reinwaschens ist nicht mehr möglich. Aus einem unterbezahlten 12-Stunden-Schreibtischjob heraus lässt sich schließlich kein guter Post erstellen, außer der der Kündigung. Wir wissen bereits von herkömmlichen Influencer:innen, dass sie einfach näher an potenziellen Kunden oder neuen Mitarbeiter:innen dran sind. Dabei können Mitarbeiter:innen aus den unterschiedlichsten Abteilungen tätig werden, auf keinen Fall nur die Personaler:innen, die Armen müssen bereits alles andere richten. Gerade für Unternehmen, die sich keine teure Marketing- oder PR-Strategie leisten können, lohnt sich der Switch auf die sozialen Plattformen. Das bedeutet nicht, dass man sich ein, zwei junge Menschen in die Organisation hereinholt, die endlich »ein bisschen Social Media machen« sollen, sondern bereits angestellte Menschen designiert, die authentisch sind und dafür brennen. Wie bekommt man nun seine Mitarbeiter:innen dazu, sich positiv über das eigene Unternehmen zu äußern? Zuerst sollte man die finden, die sich bereits besonders engagieren und bei Neuerungen vorne mit dabei sind und die von nun an in Entscheidungen eng mit einbezogen werden, denn niemand kann etwas teilen, das er oder sie nicht versteht. Dass die Unternehmenswerte da bereits klar formuliert sein sollten, ist selbstverständlich. Ganz wichtig dabei: Auch negative Erlebnisse müssen geteilt werden, denn kein Arbeitstag ist immer perfekt. Und bitte, halst ihnen keinen Katalog mit Richtlinien auf, an die sie sich halten müssen, das Ganze funktioniert nur, wenn sie es auch ernst meinen. Authentizität ist eben auch auf Social Media, wie im echten Leben, eines der höchsten Güter.

Intrapreneure

Intrapreneurship klingt nach einem Begriff, den ich mir soeben ausgedacht habe, er hat aber seinen Ursprung 1978 durch Gifford Pinchot, einen amerikanischen Unternehmer und Vordenker. Intrapreneure sollen sich im Unternehmen dabei so verhalten, als würden sie ein eigenes kleines Unternehmen führen. Somit kommt auch ein wenig des Sinns, den Selbstständige oft schon gefunden haben, mit in die Organisation. In Zeiten, in denen Coachings zur agilen Unternehmensführung boomen, ist es vernünftig, mehrere Unternehmer im eigenen Unternehmen zu beschäftigen. Das kann mitunter auch etwas holprig sein. Ein kleines Beispiel: Stefan ist 34 Jahre alt und seit sechs Jahren Abteilungsleiter. Er ist eher introvertiert, kennt sein Team aber gut und weiß, wem er welche Aufgabe zuteilt, damit das Ergebnis gut wird. Die Position gefällt ihm dementsprechend, und er hat nicht vor, seinen Job in naher Zukunft zu wechseln. Nun beschließt die Führungsebene plötzlich: Wir strukturieren um, werden dezentral, und jede:r ist mit neuen Aufgabengebieten konfrontiert. Warum das Ganze? Nun, das Unternehmen ist über die Jahre ganz schön träge geworden, Entscheidungsprozesse dauern zu lange, und man weiß eigentlich gar nicht mehr, was die Kund:innen brauchen. Endlose Verkettungen, die nichts bringen außer Machtpositionen zum Selbstzweck. Stefan steht also vor vollendeten Tatsachen und ist plötzlich nicht mehr Abteilungsleiter, sondern Chapter-Lead von einem ihm unbekannten Team, das nach Kompetenzen zusammengelegt wurde. Veränderung macht vielen Personen erst einmal Angst, und es ist kein Geheimnis, dass 90 Prozent aller Transformationsprozesse scheitern, genauso wie große Fusionen immer Verluste und Kündigungswellen nach sich ziehen.

Daher ist es umso wichtiger, neben der individuellen Resilienz der Mitarbeiter:innen ihre eigenen Leadership-Fähigkeiten zu stärken und sie schon vor Transformationsprozessen mit einzubeziehen. Jede:r Start-up-Gründer:in weiß, dass nichts so läuft, wie es geplant war. Wenn man allerdings seit Jahrzehnten im selben Unternehmen an derselben Stelle arbeitet, vergisst man schnell, dass das Betreten von ungewohntem, unsicherem Terrain oft verkrustete Strukturen aufbricht und damit Platz für etwas völlig Neues schafft: Selbstwirksamkeit. Denn wenn wir das Gefühl haben, wirklich etwas zu bewegen und »unseren Beitrag zu leisten«, können wir Ziele erreichen, die wir uns davor kaum vorstellen konnten. Beziehungsweise gab es immer jemanden, bei dem wir Erlaubnis einholen mussten, der selbst woanders nachfragen musste und so weiter, bis das eigene Anliegen längst vergessen ist. Lernen wir also von Start-ups und den Selbstständigen und werden somit gewisserweise alle zu kleinen Unternehmer:innen, schwappt vielleicht dann auch etwas abenteuerlicher Unternehmergeist auf unser Großraumbüro über. Somit können auch Unternehmen Menschen anziehen, die sich sonst nur im Alleingang in der Selbstständigkeit verwirklichen könnten – oft jene Personen, die wirklich für ein Thema brennen.

SINNvolles Arbeiten der Zukunft

Ist ihr Beruf digital bedroht? Diese Frage sollte man sich gelegentlich stellen. Denn viele Berufsfelder, die meinten, sie könne man niemals digitalisieren, irrten sich. So sagten zum Beispiel die Radiolog:innen, die bekanntlich intensives anatomisches und medizinisches Wissen aufweisen müssen, sie könne der Roboter doch niemals ersetzen. In der Zukunft werden rund 70 Prozent der radiologischen Untersuchungen von einer künstlichen Intelligenz vorgenommen werden. Denn auch etwas so Komplexes wie die Anatomie kann der Roboter vergleichen, Mustererkennung kann er eben besser als der Mensch, ebenso wie das Rechnen. Die KI muss nicht verstehen, warum sich was im Körper wo befindet, sondern nur die verschiedenen eingespielten Befunde miteinander in Sekundenschnelle vergleichen und auswerten. Müde wird er nach zehn Stunden in einer dunklen Kammer nicht, ist also in Standardfällen durchaus weniger fehleranfällig. Die schwierigen, »abnormalen« Diagnosen wird nach wie vor der oder die Radiolog:in auswerten müssen, aber die Standardfälle kann durchaus der Rechner übernehmen – und das ist zum Glück die Mehrzahl. Insofern ganz gut, dass der Mensch, der meinen Befund auswertet, nicht übermüdet und überarbeitet ist und dazu pro Stunde 20 Stück auslesen muss – das sollte uns potenzielle Patient:innen auf jeden Fall freuen.

Selbsttest

Ich habe es Ihnen zu Beginn versprochen, oder soll ich sagen angedroht, jetzt kommen wir zum praktischen Teil: Testen Sie, ob Ihr Job digital bedroht wird. Laut einer McKinsey-Studie werden bis 2030 800 Millionen Jobs weltweit wegfallen, und das war wohlgemerkt noch vor Corona. Dem stimmt eine Oxford-Studie zu, übertrifft sie sogar etwas, laut der knapp die Hälfte aller Jobs betroffen sein werden. Man könnte also fast sagen, die Chance steht 50/50. Und alle Übrigen dürfen sich nicht in falscher Sicherheit wiegen, denn auch bei den Berufen, die nicht vollends digitalisiert werden, werden elementare Anteile von KI wegrationalisiert. Testen Sie Ihre Zukunftsaussichten also einmal selbst:

1. Ihr Beruf beinhaltet ein hohes Maß an Redundanzen.

☐ stimme nicht zu ☐ stimme eher nicht zu ☐ teilweise
☐ stimme eher zu ☐ stimme voll zu

2. In Ihrem Bereich gibt es keine Möglichkeit auf Homeoffice oder Workation.

☐ stimme nicht zu ☐ stimme eher nicht zu ☐ teilweise
☐ stimme eher zu ☐ stimme voll zu

3. Flexible Arbeitszeiten lassen sich kaum in Ihren Berufsalltag integrieren.

☐ stimme nicht zu ☐ stimme eher nicht zu ☐ teilweise
☐ stimme eher zu ☐ stimme voll zu

4. Ihre Arbeit beinhaltet keine Möglichkeit der digitalen Arbeit.

☐ stimme nicht zu   ☐ stimme eher nicht zu   ☐ teilweise
☐ stimme eher zu   ☐ stimme voll zu

5. Durch den Digitalisierungsschub hat sich Ihr Arbeitsleben kaum verändert.

☐ stimme nicht zu   ☐ stimme eher nicht zu   ☐ teilweise
☐ stimme eher zu   ☐ stimme voll zu

6. Sie haben das Gefühl, dass es Ihren Beruf in der Form nicht mehr allzu lange geben wird.

☐ stimme nicht zu   ☐ stimme eher nicht zu   ☐ teilweise
☐ stimme eher zu   ☐ stimme voll zu

7. Ihr Gehalt stimmt nicht mit der tatsächlichen Workload überein.

☐ stimme nicht zu   ☐ stimme eher nicht zu   ☐ teilweise
☐ stimme eher zu   ☐ stimme voll zu

8. Ihr Arbeitsablauf folgt immer demselben Schema, und alternative Lösungen sind nicht gerne gesehen.

☐ stimme nicht zu   ☐ stimme eher nicht zu   ☐ teilweise
☐ stimme eher zu   ☐ stimme voll zu

9. Sie haben kaum Spielraum für eigene Ideen.

☐ stimme nicht zu ☐ stimme eher nicht zu ☐ teilweise
☐ stimme eher zu ☐ stimme voll zu

10. Kreativität wird in Ihrem Betrieb kaum wertgeschätzt oder gar gefördert.

☐ stimme nicht zu ☐ stimme eher nicht zu ☐ teilweise
☐ stimme eher zu ☐ stimme voll zu

11. In Ihrem Betrieb gibt es kaum die Möglichkeit zur Weiterbildung.

☐ stimme nicht zu ☐ stimme eher nicht zu ☐ teilweise
☐ stimme eher zu ☐ stimme voll zu

12. Sie empfinden Ihre Arbeit häufig als sinnlos.

☐ stimme nicht zu ☐ stimme eher nicht zu ☐ teilweise
☐ stimme eher zu ☐ stimme voll zu

13. Ihr Arbeitsplatz wurde noch vor 30 Jahren als »grundsolide« bezeichnet.

☐ stimme nicht zu ☐ stimme eher nicht zu ☐ teilweise
☐ stimme eher zu ☐ stimme voll zu

14. Sie stellen aktuell weniger Personen ein als den Betrieb verlassen.

☐ stimme nicht zu ☐ stimme eher nicht zu ☐ teilweise
☐ stimme eher zu ☐ stimme voll zu

15. Die sich immer schneller verändernden Anforderungen an das Berufsleben finden in Ihrem Betrieb keine Berücksichtigung.

☐ stimme nicht zu ☐ stimme eher nicht zu ☐ teilweise
☐ stimme eher zu ☐ stimme voll zu

16. Maschinelle Unterstützung könnte Ihren Arbeitsalltag signifikant erleichtern.

☐ stimme nicht zu ☐ stimme eher nicht zu ☐ teilweise
☐ stimme eher zu ☐ stimme voll zu

17. Sie haben oft das Gefühl, mit Empathie kommt man nicht weit.

☐ stimme nicht zu ☐ stimme eher nicht zu ☐ teilweise
☐ stimme eher zu ☐ stimme voll zu

18. Ihre Berufssparte hat sich in den letzten Jahrzehnten kaum gewandelt.

☐ stimme nicht zu ☐ stimme eher nicht zu ☐ teilweise
☐ stimme eher zu ☐ stimme voll zu

19. Sie müssen selten branchenübergreifend vernetzt denken und Zusammenhänge erkennen.

☐ stimme nicht zu   ☐ stimme eher nicht zu   ☐ teilweise
☐ stimme eher zu   ☐ stimme voll zu

20. Nachhaltigkeit findet keine Berücksichtigung in Ihrem Unternehmen.

☐ stimme nicht zu   ☐ stimme eher nicht zu   ☐ teilweise
☐ stimme eher zu   ☐ stimme voll zu

Um Ihr Ergebnis auszuwerten, addieren Sie Ihre Antworten. »stimme nicht zu« hat den Wert 1, »stimme eher zu« 2, »teilweise« 3, »stimme eher zu« 4 und »stimme voll zu« hat 5 Punkte. Die erreichte Punkteanzahl dividieren Sie dann durch 20 und Sie erhalten Ihr Ergebnis. Liegt der Wert bei etwa 4 und darüber, sollten Sie sich Gedanken machen, wie lange Sie Ihren Beruf noch ausüben (wollen).

Oft werden in diesem Diskurs eher Berufe wie Kassierer:innen, Lastkraftwagenfahrer:innen, also eher aus dem »Niedriglohnsegment« genannt, aber wir alle sollten uns nicht in Selbstgewissheit wiegen – es kann fast jede:n treffen. Nun stellt sich also die Frage, was ein Beruf können muss, um nicht von der KI weggenommen zu werden? Hat Ihr Beruf hohe Redundanzen, also wiederholt er oft dieselbe Tätigkeit? Dann wird es eines Tages der Roboter sehr wahrscheinlich effizienter können. Benötigt Ihr Beruf Zwischenmenschlichkeit und Empathie? Dann sind Sie auf der sicheren Seite, das werden Maschinen noch lange nicht leisten. Vermutlich sind somit auch Berufe in der IT relativ sicher.

Aber keine Sorge, auch wenn Ihre Arbeit eines Tages »weg-digitalisiert« werden sollte, ist das etwas Gutes. Entweder man bildet sich weiter und arbeitet mit den Maschinen zusammen, in Harmonie. Oder man genießt das bedingungslose Grundeinkommen und kümmert sich um seinen Garten. Eines Tages wird uns die Arbeit ausgehen, freuen wir uns darauf.

Bedingungsvolles Grundeinkommen

In der Diskussion rund um die neue Arbeitswelt gibt es oft die Frage: Was machen wir bloß mit den ganzen Arbeitslosen, wenn es immer weniger zu tun gibt? Werden die nicht alle Bier trinkend wie in den apokalyptischsten Hartz-4-Trash-Dokumentationen der Schmuddelsender rumsitzen, den Staat aussaugen und unsere Gesellschaft in die Rezession stürzen?

Zuerst sollten wir bei dieser Frage ein bisschen Introspektion über die eigenen misanthropischen Tendenzen üben, um zu realisieren, dass wir Menschen so eigentlich nicht sind. Denn wir sind als Menschen dazu verdammt, unser soziales Umfeld verbessern zu wollen. Wir sind eben kooperative, soziale Wesen. Klar, gibt es auch jene, die sich von der Gesellschaft abwenden, aber das ist nicht mal ansatzweise die Mehrheit. Hinter fast jeder dieser Geschichten stecken Kränkungen und Traumata, die zu ein wenig mehr Empathie auffordern als eine bloße Unterstellung endloser Faulheit. Aber wir müssen die Zukunft auch für diejenigen mitgestalten, die nicht mitkommen wollen – so funktioniert eine gesunde, solidarische Gesellschaft.

Die zentrale Frage, die sich jeder stellen sollte, ist:

Was würden Sie tun, wenn Sie nicht arbeiten müssten?

Würden Sie tagelang die Droge ihrer Wahl nehmen, nichts tun und sich ihrer neuen Existenz als Schmarotzer brüsten? Es ist nun so, dass wir das gerne anderen Menschen unterstellen, aber nie uns selbst oder unseren Liebsten. Das Schreckgespenst des endlosen Schmarotzers ist tief in uns verankert. Zeit, es zu verbannen. Hier kommt nun das bedingungslose Grundeinkommen ins Spiel, das sich grundsätzlich von den normalen Sozialleistungen unterscheidet. Denn während die jetzigen Auffangnetze größtenteils darauf fokussiert sind, den finanziellen Unterhalt so knapp zu gestalten, dass man sich zum Arbeiten gezwungen sieht, ist der Ansatz des Grundeinkommens ein anderer. Es geht hier um ein Leben in Würde, nicht am Existenzminimum. Jeder kriegt genug Ressourcen zugesichert, dass er sinnvoll, angenehm und ohne Verknappungsängste leben kann. Oft wird im Kontext des Grundeinkommens um den genauen Betrag gestritten – sollten es 900 oder 1400 Euro im Monat sein? Ab wie viel Einkommen kommt man ganz gut über die Runden? Vorsichtig gesagt, sollte man dies eher als Scheindiskussion ansehen, denn aufgrund der wirtschaftlichen Lage eines Landes, Inflation, Kaufkraft usw. wird der Betrag sicherlich variieren. Das bringt allerdings ein neues Problem zum Vorschein. Denn wenn wir ein Grundeinkommen einführen wollen, müssen wir dann unsere Grenzen schließen? Es wäre für die populistischen Parteien zu einfach, jeden Immigranten als »Grundeinkommensflüchtling« abzutun, ähnlich wie bei der ewigen Leier von den »Wirtschaftsflüchtlingen«. Wenn in Deutschland jeder 1400 Euro im Monat bekäme, aber in Griechenland nur 700 Euro, dann würden doch wohl alle Südländer:innen nach Zentraleuropa fliehen. Dass dieses

Menschenbild regressiv ist, steht außer Frage, aber es wäre sehr leicht zynisch und politisch ausschlachtbar. Wir müssten also mit einem nationalen Grundeinkommen loslegen, denn für ein globales ist die Welt leider noch zu ungleich. Aber mit unseren Bergen an Wohlstand könnten wir doch den ersten Vorstoß machen und zeigen, dass und vor allem wie es geht. Vielleicht muss man es (leider) eingangs daran koppeln, wie lange man bereits in besagtem Lande gelebt hat. Es schmerzt mich als globaler Bürger, dies einzugestehen, aber jeder Anfang ist hart. Um ganz pragmatisch greifbar zu machen, wie das viel diskutierte und oft falsch verstandene Grundeinkommen funktionieren würde: Jeden Monat bekommen Sie automatisch eine gewisse Summe auf Ihr Konto überwiesen. Wie diese berechnet wird, muss anfangs individuell von Land zu Land berechnet und eventuell auch an Marktgegebenheiten angepasst werden. Aber sagen wir mal, es sind 1500 Euro. Egal, ob Sie Vielverdiener:in sind, keinen Job haben, Student:in oder sonst was – no questions asked. Was Sie mit dem Geld machen, ist Ihnen überlassen. Es ist eben kein Hartz-IV für alle, sondern Ihnen ohne Bedingung zur Verfügung gestellt. Vermutlich werden Sie damit zum größten Teil Fixkosten zahlen und ein bisschen konsumieren. Kapitalismus funktioniert doch gut, wenn sich Geld im Umlauf befindet, insofern ist das ganz wunderbar für die Wirtschaft. Somit können Sie auch einer Tätigkeit nachgehen, die vielleicht mehr Ihrer Passion entspricht, aber nicht so unglaublich profitabel ist. Auch mit Blick auf die Suche nach Sinn eine gute Angelegenheit.

Unser industriell geprägtes Denken sagt, das sei unmöglich, dämlich und produziere schlechte Menschen, es sei der Anfang vom Ende. Wozu denn der ganze technologische Fortschritt, die ganzen Automatisierungen und dadurch entstandenen Wertschöpfungen? Wir wissen schon länger, dass unsere Reichsten stupide reich werden. Da würden sich die Könige und Königinnen des Mittelalters vor Neid im Grabe umdrehen – und diese Epoche sehen wir als sehr ungerecht an. Digitale Produkte skalieren und führen immer mehr Geld in ihre Hände, aber die Mittel- und Unterklasse hat es immer schwieriger. Wie peinlich es doch wäre, als Gesellschaft und Wirtschaft im Wohlstand zu ersaufen. Wenn man weiß, dass das Geld doch eigentlich da ist, sich aber einfach an der Spitze der Gesellschaft im Kreise dreht, kann das schon zu wahrer Frustration führen. Massive Ungleichheit ist Gift in den Venen der Gesellschaft, vor allem wenn das Gegenmittel in greifbarer Nähe liegt. Deswegen ist das bedingungslose Grundeinkommen eine Form von Umverteilung, die nicht nur von unserem massiven Fortschritt zehrt, sondern auch, im pragmatischsten aller Sinne, den Klassenkampf verhindern wird – und das mögen die Superreichen und Mächtigen doch, oder?

Bevor wir in die Zukunft der Grundeinkommen einsteigen, sollte analysiert werden, weswegen es nicht bereits eingetreten ist. Oft als politisches Thema der Sozialisten gehandelt, ist es durchaus überraschend, dass es gerade der amerikanische Präsident Nixon war, der dieses Konzept im Jahre 1969 – also weit vor der Automatisierung und Digitalisierung – fast durchgesetzt hätte. Es gab Fallstudien, die durchaus erfolgreich waren. 8500 Amerikaner:innen machten mit, um drei zentrale Fragen zu beantworten;

1) Arbeiten diese Menschen weniger?
2) Ist es finanzierbar?
3) Ist es politisch durchsetzbar?

Die Antworten in dieser Reihenfolge:

1) nein
2) ja
3) vielleicht

Also, es zeigte sich als vielversprechend, funktional, aber politisch schwer vermittelbar. Denn einerseits gab es natürlich den Mythos der endlosen Faulheit, wenn man nicht arbeiten müsste, der die Durchsetzung schwer machte. Andererseits gab es für die damalige Zeit einen machtvollen und zugleich unendlich peinlichen Hinderungsgrund: den Stolz der Männer. Die große Sorge davor, die Kontrolle über den Haushalt zu verlieren. Damals definierte sich das männliche Geschlecht hauptsächlich über die gute alte »Brötchen auf den Tisch bringen«-Funktion, wie ein Höhlenmensch, der das Mammut erlegt. Ein Grundeinkommen würde diese Rolle maßgeblich abschwächen, wenn nicht auslöschen, so die Sorge. Was wäre die Rolle des Mannes, wenn er nicht jeden Tag spätabends nach Hause käme und sagen könnte, heute habe ich wieder einmal diesen Haushalt ernährt, deswegen hast du, Weib, bei mir zu bleiben? Da Männer die Politik dominierten und immer noch dominieren, war das bedingungslose Grundeinkommen politisch zum Scheitern verurteilt. Das fragile männliche Ego hat uns also einen Strich durch die Rechnung gemacht, aber zum Glück ist die Zukunft ja bekanntlich weiblich. Es hat sich in diesen veralteten Genderrollen schon einiges getan. Meine Generation, also die Millennials, verbringen mittlerweile dreimal mehr Zeit mit ihren Kindern als ihre Väter. Im Jahre 1982 haben nur drei Prozent von ihnen gesagt (oder zugegeben), sie hätten mal eine Windel gewechselt. Nun sind es 43 Prozent! Wo es früher noch verpönt war, als Mann auf den Sohn oder die Tochter aufzupassen, hat sich eine Menge verändert. Allein daraus werden weitaus weniger Menschen mit Daddy-Issues in Zukunft zu finden sein, weil die Väter im Leben der Kinder anwesender sind. Auch für Gleichberechtigung in der Arbeitswelt sind das gute Nachrichten. So wird dieses Argument gegen das Grundeinkommen, so peinlich es auch sein mag, in Zukunft kaum mehr tragfähig sein.

In jüngster Zeit gab es immer mehr Fallstudien von den USA bis Skandinavien, die zeigten, ein Grundeinkommen führt nicht zu Regression, Langeweile und/oder Kriminalität, sondern zu mehr Glück und dem Nachgehen der eigenen Passion, dem eigenen Sinn. Ist jemand, der ohne Existenzängste anfängt zu malen, glücklicher und produktiver als jemand, der jeden Tag Nudeln essen und nebenbei noch Marihuana verkaufen muss, um seine Künstlerkarriere zu finanzieren? Vermutlich schon. Schafft das Pflegen eines Gartens nicht einen Mehrwert für Umwelt und Gesellschaft, vielleicht sogar einen größeren als ein Steuerrechtsanwalt? Eine alleinerziehende Mutter kann sich vermutlich besser ihrem Kind widmen und so eine bessere Generation in die Zukunft senden, wenn sie nicht jeden Cent umdrehen muss oder noch einen 40-Stunden-Job benötigt, um nur irgendwie über die Runden zu kommen. Das bedingungslose Grundeinkommen tut so weh, weil es unsere Vorfahren über das, was wir als produktiv und gut ansehen, hinterfragt und unser Menschenbild auf die Probe stellt. Dass wir als Zivilisation vielleicht etwas weiter sind als das konstante Ankämpfen gegen Hunger, Tod und Pest, könnte man doch auch als Kompliment an einen selbst und das Umfeld, in dem man lebt, auffassen.

Aber wer soll das finanzieren?

Schön, dass Sie fragen. Das ist das vermeintliche Totschlagargument gegen das Grundeinkommen, der Talking Point jeder Diskussion. Es gibt so viele Studien, Konzepte und Vorschläge, dass es schwer ist zu entscheiden, wo man überhaupt anfangen soll. Am besten wäre vermutlich eine Finanztransaktionssteuer, die die Banken und Börsen mal wieder ein bisschen auf den Boden der Tatsachen holt. Denn mittlerweile nützen sie wohl eher den Top 0,5 Prozent der Gesellschaft, für den Rest bringen sie herzlich wenig. Das Drama rund um die Banken im Jahre 2008 oder das Leiden der ganzen Kleinanleger sollte uns doch schon länger zeigen, dass diese Institutionen der Breite der Gesellschaft schon lange nicht mehr von großem Nutzen sind. Mit einem nur sehr kleinen Steuersatz auf jede Transaktion wäre das bedingungslose Grundeinkommen schon finanziert und vermutlich auch eine Menge Bullshit in der Finanzwelt ausgemerzt. Man könnte es auch als Robin-Hood-Steuer verstehen, obwohl doch auch die Superreichen das bedingungslose Grundeinkommen erhalten würden. Insofern, gern geschehen. Im Übrigen sind auch die Megaverdiener dieser Welt nicht alle gegen das Konzept. Einerseits haben sie sicherlich Angst vor den Menschen mit Heugabeln, andererseits sind auch nicht alle Superreichen Psychopathen. Es gibt durchaus auch jene, die verstehen, dass der gesellschaftliche Vertrag nur funktioniert, wenn es im Schnitt immer mehr Menschen immer besser geht als umgekehrt. Für all jene, die das nicht einsehen können, sollten wir ihnen einfach bei 999 Millionen Dollar auf dem Konto einen Pokal überreichen: Herzlichen Glückwunsch, Sie haben das Spiel Wirtschaft gewonnen. Jetzt ist aber Schluss, mehr kann man als Mensch auf dem Planeten Erde nicht brauchen, jegliche Überschüsse darüber hinaus werden direkt abgeschöpft. Ich glaube, das würden Sie schon verkraften.

Es gäbe auch noch das Modell einer Maschinen- oder Robotersteuer, aber ganz ehrlich, wir könnten den Klassenkampf verhindern und das Grundeinkommen mit der Transaktionssteuer einführen – warum nicht gleich zwei Fliegen mit einer Klappe schlagen? Es ist schon bezeichnend, dass trotz der perversen Schere zwischen Arm und Reich sich keine politische Großpartei traut, dieses Thema anzugehen. Zum Glück gibt es da eine gewisse Partei, die schon länger auf der Suche nach einem neuen Thema ist. Ist doch ihre Wählerschaft, der klassische Arbeiter, langsam vom Aussterben bedroht. Ich möchte natürlich keine politischen Tipps abgeben, aber es kommt eine ganze Generation ins Wahlalter, die mit dem Thema durchaus was anfangen könnte, es sogar als zukunftsweisend ansehen. Diese Altersgruppe war sogar bereit, einen Opa wie Bernie Sanders zu wählen, weil er die klassischen ökonomischen Rahmenbedingungen hinterfragt und für ein Grundeinkommen ist. Natürlich wird es nicht einfach, so ein großer Übergang sollte auch nicht einfach sein. Aber das Ziel lohnt sich. Wir leben nicht, um zu arbeiten, sondern wir wollen endlich einen Sinn verspüren – und das geht wesentlich einfacher, wenn man nicht von existenziellen Sorgen bedroht ist. Bedürfnispyramide und so. Die Fallstudien zeigen, es geht; traut euch endlich, die Zukunft wartet nicht, sondern wir gestalten sie.

Was ist die Bedingung für ein bedingungsloses Grundeinkommen? Ein modernes, zukunftsfähiges Menschenbild.

Vier-Tage-Woche

Es wird langsam sogar den konservativsten Chefs dieser Welt klar, 40 Stunden die Woche absitzen ist ein Relikt der Vergangenheit. Im Zeitalter der Fabriken war abgesessene Zeit ein durchaus sinnvoller Indikator für Produktivität – bereits dieses niedrige »Arbeitsvolumen« eine Errungenschaft der Gewerkschaften. Aber genug der Vergangenheit, wir wollen doch in Richtung Zukunft. Vor allem mit Blick auf das bedingungslose Grundeinkommen müssen wir uns von der Arbeitswelt von vorgestern verabschieden, suchen wir doch immer intensiver nach Sinn, statt uns nur unser Überleben sichern zu müssen. Das ist dezidiert keine Faulheit, sondern eine Erkenntnis; Berufe sind unterschiedlich und müssen unterschiedlich erfasst werden. So ist das Sitzen oder Stehen an einem Fließband oder das Führen eines Lastkraftwagens nicht zu vergleichen mit der Intensität und Volatilität eines oder einer Erzieher:in oder Sanitäter:in. Sollten diese Professionen gleich viel in absoluter Zeit arbeiten? Eigentlich nicht – aber wir brauchen in der Politik und im Arbeitsrecht natürlich normierbare Erfassungsmechanismen, weswegen wir nun über die Vier-Tage-Woche sprechen müssen. Auch wenn die übernächste Evolutionsstufe der Arbeit verschiedene Indikatoren und Messwerte von Produktivität sein werden, ist die Reduktion der Arbeitszeit auf 32 Stunden pro Woche mal ein lohnenswerter Anfang, zu viel Wandel kann ja bekanntlich schmerzhaft sein. Es steht natürlich jedem frei, Überstunden zu machen. Aber nur weil man nun einen Tag weniger die Woche arbeitet, ist man kein fauler Hund oder, noch schlimmer, ein schlechter Preuße.

Es gibt ein wunderbares Gesetz namens Parkinsons Law, das viele von uns schockieren wird. Wir leisten 80 Prozent unserer Produktivität in 20 Prozent unserer Zeit. Im Umkehrschluss bewerkstelligen wir in dem Großteil unserer Arbeitszeit herzlich wenig. Unmöglich! Der Instinkt, diese Erkenntnis abzuwehren, ist durchaus verständlich, denn es impliziert, dass wir den Großteil unserer Zeit auf der Arbeit verschwenden. Man kann nicht oft genug betonen, dass dies natürlich nicht auf alle Berufe zutrifft, aber vor allem die Berufe, die vermehrt entstehen – Wissensarbeit –, müssen sich dieser Realität stellen. Die Ablenkungen von Raucherpausen bis Nachrichten lesen sind bereits kulturelle Normalität geworden, meistens, um die Arbeit überhaupt erträglich zu machen. Denn der Großteil von uns weiß tief im Innersten, dass er von acht Stunden am Tag höchstens die Hälfte wirklich arbeitend nutzt. Ich weiß, es tut weh. Der Wunsch, sich selbst zu überhöhen und zu behaupten, man sei der härteste Arbeiter von allen, der immer als Letzter das Licht im Büro ausmacht, ist in uns quasi eingeprügelt worden – aber ultimativ falsch. Studie nach Studie belegt, dass der Output, also die Produktivität, sich in der Viertagewoche nicht reduziert, es weniger Stress bei den Mitarbeiter:innen gibt, die Zufriedenheit gesteigert wird und die Menschen auch, jetzt kommt es, mehr Lust an der Arbeit verspüren, wodurch die eigene Tätigkeit mit Sinnhaftigkeit aufgeladen wird. Wie einfach man sich als Führungskraft doch beliebt machen und progressiv erscheinen könnte, wenn man nur einige der alten Dogmen ablegte. In einer Welt, in der abgesessene Zeit der Messwert ist, werden effiziente Mitarbeiter:innen mit mehr Arbeit bestraft. Sogleich sind diejenigen, die sehr gut darin sind, so zu tun, als wären sie hart am Werkeln, die Schlausten. Das ist natürlich, mit Verlaub, dämlich. Wer am schnellsten den Tab von Facebook oder den Nachrichten wegwechselt, wenn der Chef um die Ecke kommt, ist bestens angepasst an die Arbeitswelt von heute.

Es muss nochmals betont werden, dass die Viertagewoche nur der Anfang ist, eine Art Übergangsform in ein Zeitalter, wo Zeit als Rechnungswert zunehmend irrelevant wird, und nur mehr die Leistung, der Output zählt. Leistung muss sich lohnen, habe ich mal gehört. Aber um den gesellschaftlichen Frieden wieder in den Griff zu bekommen, um uns einen Vorgeschmack einer lohnenswerten Zukunft zu geben, ist es ein wunderbares Unterfangen. Natürlich ist es schematisch, aber bevor wir endlose Jahre Arbeitsrecht in Windeseile umkrempeln, gehen wir doch anfangs diesen Schritt. Es soll gesagt sein, wenn man das Thema ernst nimmt, dann gibt es keine Diskussion um Kompensation. Die Viertagewoche ist lediglich eine Angleichung an die Realität, nicht eine Reduktion der Arbeitsmenge. Soll also heißen: Das Gehalt bleibt, verdammt nochmal, gleich. Es ist auch durchaus möglich, die Mitarbeiter:innen über die Verteilung der 32 Stunden frei entscheiden zu lassen. Vielleicht gibt es sogar Menschen, die daraus eine Dreitagewoche machen. In dem Fall sollte man sich schon einmal an neue Messmechanismen für Produktivität annähern, denn zehn Stunden konzentriert zu arbeiten ist ein gewagtes Unterfangen. Oder vielleicht möchte jemand am Tag nur ein bisschen über vier Stunden arbeiten, dann an sieben Tagen in der Woche. Es wird ein bisschen Experimentieren brauchen, aber es ist klar, an der Motivation der Mitarbeiter:innen wird es nicht scheitern. Finaler Tipp: Wenn man Parkinsons Law ernst nimmt, sprechen wir bald über eine Drei- oder Zweitagewoche, aber ab dem Zeitpunkt kann man vermutlich sowieso schon auf abgesessene Zeit pfeifen.

Sozialkredit

Das Sozialkredit-System ist für viele Menschen der Anfang des Untergangs, das Abbild der digitalen Dystopie. Bekannt geworden in China, wird es als System wahrgenommen, mit dem Menschen überwacht, kontrolliert und in bloße Ziffern verwandelt werden. Das ist dort auch der Fall. China ist das erste Land, das das System anwendet, und das in einer brutal-autokratischen Diktatur. Das konnte nicht gut gehen und ist auch nicht gut gegangen. Kurz gesagt, bekommt dort jede Person eine Art soziales Konto, das man ins Positive oder Negative drehen kann. 1300 Punkte gibt es maximal, man kann die soziale Leiter hinauf- oder hinabsteigen. Jeder Mensch startet mit 1000 Punkten, die zentralisiert vom Staat festgehalten werden. Insofern ist es, egal was man sagt, eines der ambitioniertesten sozialdigitalen Programme auf dem Planeten. Aber wie es in einem leicht bis sehr dystopischen Staat zu sein hat, ist der Abstieg nicht überraschend oder schwer.

Betrunkenes Autofahren oder bei Rot über die Ampel gehen, führen zu einem Punktabzug. Okay, vielleicht sogar nachvollziehbar. Nur leider führen auch »illegale« Protestaktionen gegen die Staatsgewalt zur Reduktion. Insofern ist natürlich das »Lügen« und antipropagandistisches Verhalten im Netz mit großen Abzügen verbunden. So wird schnell ersichtlich, wie dieses Modell als Unterdrückungsinstrument genutzt werden kann und leider eben auch genutzt wird. Einen kleinen Lichtblick gibt es, denn man verliert auch Punkte, wenn man seine alternden Eltern nicht regelmäßig besucht – das könnte man fast süß finden, wäre alles andere nicht so menschenverachtend. Diese Mechanismen haben dem System zu Recht einen schlechten Ruf eingebracht. Vor allem die Konsequenzen sind dramatisch. So hat man bei einem schlechten Sozialkredit keinen Zugang zu öffentlichen Verkehrsmitteln, Krediten oder öffentlichen Diensten. Dass man auch nicht für den Staat arbeiten darf, ergibt sich logisch, vermutlich will man das auch nicht, wenn man wegen Protesten und Rebellion gegen die chinesische Führung bei 150 Punkten rumdümpelt. Ganz pervers wird es aber, wenn auf öffentlichen Videotafeln die Gesichter und Namen der »unerwünschten« Personen gezeigt werden. Das hat schon wahrlich dystopischen »*Black Mirror*«-Charakter. Aber wo so viel Schatten, muss es schon auch irgendwo ein wenig Licht geben, denn es gibt ja auch Aufstiegsmöglichkeiten. Diese sollten wir uns genau anschauen und überlegen, ob wir in einer Gesellschaft mit einem bedingungslosen Grundeinkommen daraus nicht lernen könnten.

Aufstieg gibt es also auch. Wenn man zum Beispiel Wohltätigkeitsarbeit macht, ins Altersheim geht und mit den Menschen spricht oder den eigenen oder einen öffentlichen Garten pflegt, gibt es Pluspunkte. Wie wäre es, wenn wir im Rahmen eines bedingungslosen Grundeinkommens die positiven Seiten übernehmen. Ein nicht punitives, sondern »incentives« System daraus zu entwickeln, in dem man gar nicht absteigen kann, sondern für gesellschaftlich wertvolle Tätigkeiten, die nicht so leicht monetär ausgeglichen werden können, belohnt wird. In einer Welt, in der niemand zum Arbeiten gezwungen wird, wäre das doch dem Gemeinwohl zuträglich. So könnte man jede Stunde, die man in einer wohltätigen Organisation verbringt, anrechnen. Eine Form von sozialem Kredit, der immer nur ins Positive gehen kann. Einlösbar wäre er für ganz pragmatische Sachen wie einen Steuererlass, bis hin zu einem Orden und Anerkennung vom Sozialministerium. Vielleicht eine Meldung in einer großen Zeitung? Eine Liste der sozialsten

Menschen des Landes? Das Konzept ist noch nicht ausgereift, weil die unglaublich negative Konnotation durch die erste Implementierung in eine dystopische Autokratie unseren geistigen Spielraum massiv limitiert. Sofort kommt uns in den Sinn, wie der Staat diese Datenbanken missbrauchen könnte, um uns zu kontrollieren, um die Daten unseres Verhaltens gegen uns in Stellung zu bringen! Wenn Sie sich diese Argumente zu eigen machen, zugleich aber auch auf den sozialen Medien sind, habe ich schlechte Nachrichten für Sie ...

Als Gedankenexperiment lohnt es sich, denn es zeigt uns wieder, dass es Tätigkeiten innerhalb der Gesellschaft gibt, von denen wir wissen, dass sie maßgeblich zum Gemeinwohl beitragen – aber nicht an Profitmechanismen zu binden sind. Deswegen gäbe es ein weiteres Tool, um eine bessere soziale Zukunft zu erreichen, das sogenannte Bruttoinlandsglück.

Bhutan ist ein süßes kleines, wenn auch schwer gebeuteltes Land, es steckt zwischen den zwei Großmächten Indien und China fest. Ein kleiner Staat im Himalaya, der einen anderen Weg geht als so manch andere seiner Nachbarn. Bhutan setzt eben nicht ausschließlich auf Wachstum und bläst nicht zur Aufholjagd, um die ach so begehrenswerten westlichen Standards zu erreichen. Im Bereich der harten Fakten wie Bruttoinlandsprodukt und Wirtschaftskraft wurde ein neuer Indikator geschaffen, ein neuer gesellschaftlicher Key-Performance-Indicator (KPI), wenn man so möchte: das Glück. Natürlich sind Wirtschaftswachstum, Bevölkerungsstruktur, Budget usw. nach wie vor wichtige Daten, nur wurde ein nicht so unwichtiger Wert hinzugefügt. Wie zufrieden die Bevölkerung ist, wird von einem eigenen Posten, einem Amt, beobachtet, studiert und regelmäßig verbessert. So, als hätte man einfach gemerkt, dass

Geld doch nicht alles ist. Ob das mit der hohen Menge an Buddhisten in dem kleinen Bergstaat zusammenhängt, sei mal dahingestellt, wichtig ist vor allem, dass erkannt wurde, dass mehr nicht immer besser ist. Dieses Amt könnte man auch an das Sozialkredit-System koppeln, denn anderen zu helfen macht uns auch (meistens) glücklich. So könnte das Glücksministerium sich auch mit der Vergabe und den Belohnungen der angehäuften positiven sozialen Credits beschäftigen. Was für eine spannende, positive, vielleicht sogar glückliche Zukunft uns doch vorschwebt, wenn wir uns vom Altbewährten entfesseln könnten.

Diese Logik gilt es auch in Unternehmen zu übertragen. Warum ist Zufriedenheit oder Glück kein KPI? Warum wird nicht regelmäßig innerhalb von Unternehmen ermittelt, wie glücklich die Mitarbeiter:innen sind? Zufriedenheit und Performance hängen laut allen Studien ganz wesentlich zusammen, insofern würde die Integration dieses KPIs auch durchaus synergetische Effekte haben. Eine Position, die sich um das Wohlergehen im Unternehmen kümmert, sollte jedes Unternehmen ab einer gewissen Größe einstellen, damit würde man vor allem die Jungen anziehen können. Und es wäre doch auch ein toller neuer Berufstitel: Chief Happiness Officer. Es gibt bereits Unternehmen, die mit dieser Rolle spielen. So hat der Schweizer Modehersteller Freitag bereits einen solchen Posten. Zwar nur interimsmäßig, mit einem fixen Budget für die Umsetzung von Konzepten, die das Unternehmensglück erhöhen, aber trotzdem ein gutes Zeichen. Denn wenn es klappt, soll diese Stelle fix besetzt werden. In ihrem Manifest sagt das Unternehmen, dass Glück zyklisch ist. Insofern eine gute Idee, zumindest mal den Ball ins Rollen zu bringen.

Unsere Zeit und Aufmerksamkeit werden in Zukunft unser höchstes Gut. Hören wir also auf damit, täglich acht Stunden davon in einem Büro abzusitzen und unproduktiv zu sein. Während sich die großen Player intensiv damit auseinandersetzen, wie viele Sekunden die geheime Formel ist, um uns im richtigen Maß zu entertainen, damit wir möglichst lange in ihrer App verbringen und weiterklicken, swipen und die Zeit vergessen, dürfen wir nicht vergessen, welchen langen beschwerlichen Weg wir von der Steinzeit bis in die Gegenwart auf uns genommen haben. Und das sicherlich nicht, um in Zukunft unglücklich vor unseren Rechnern zu sitzen. Wir haben alle Möglichkeiten. Alles, was wir brauchen, ist ein kleines bisschen mehr Mut und Fantasie, dann klappt das schon mit der sinnvollen und glücklichen Arbeit, da bin ich mir sicher.

Zukunftsjobs

Es ist der Fluch des Zukunftsforschers, dauernd gefragt zu werden, in welche Branche man in Zukunft einsteigen sollte.

Was wird *der* Job von morgen sein?

Soll ich jetzt noch programmieren lernen?

Leider ist die Antwort nicht so einfach, wie die Frage es vermuten lässt. Es gibt natürlich ein paar relativ klare Berufsfelder der Zukunft, so ist man bei den erneuerbaren Energien oder in der IT-Welt sicherlich gut aufgehoben. Aber wir wollen – mit einem kleinen Augenzwinkern – ein bisschen weiter blicken, vielleicht auch auf Berufe, die noch sehr weit weg erscheinen.

Insofern hier eine kleine Auswahl, die nicht endgültig ist, aber durchaus ein Gefühl vermitteln soll, wo die Reise hingehen könnte. Wir bewegen uns in die weiter entfernte Zukunft, die nach unserem schmerzhaften Übergang ins Informationszeitalter folgen könnte. Damit ist diese Berufsauflistung keine Karriere-Empfehlung für die nächste Umschulung, sondern der Versuch, den Horizont ein wenig zu erweitern.

Chief-Purpose-Officer

Für eine gelungene Sinnmaximierung im Unternehmen braucht es natürlich auch eine peppige Berufsbezeichnung, und hier ist sie. Ihre Aufgabe wird es sein, Menschen zu helfen, Sinnhaftigkeit im Beruf zu erlangen. Wenn sie merken, Mitarbeiter:innen kommen ins Straucheln, sind nicht mehr sonderlich motiviert, ihrer Tätigkeit nachzugehen, oder ihre Produktivität bricht massiv ein, müssen sie zur Stelle sein. Ihre Aufgabe ist es, den Sinn innerhalb der Organisation und für die Gesellschaft als großes Ganzes zu vermitteln und einzuordnen, zu coachen, zu begleiten. Irgendwo sind sie eine Mischung aus Personaler:in und Psycholog:in, mit einer Prise Life-Coach. Vielleicht übernimmt diese Aufgabe zunächst mal der Chief-Happiness-Officer, den wir zuvor kennengelernt haben. Was leicht pathetisch klingen mag, ist es aber nicht, denn Menschen sind auf der Suche nach Sinn, in der Zukunft mehr denn je. Sollten sie vom Staat angestellt sein und nicht in einem Unternehmen, ist es auch ihre Aufgabe, Menschen zu helfen, ihren »Traumberuf« zu finden. Also ist die Position des Chief-Purpose-Officers eine äußerst sinnvolle.

KI-Ausbilder:in

Wenn die Roboter immer bessere Roboter werden, brauchen sie früher oder später auch etwas pädagogische Unterstützung. Die künstlichen Intelligenzen von übermorgen werden immer smarter werden, aber auch Hilfe brauchen, sich in die Datenberge, digitalen Tools und vor allem auch die Schnittstelle zum Menschen einzufinden. Die Roboter etwas zu humanisieren kann kein Fehler sein, und um sicherzustellen, dass sie nicht versuchen, die Menschheit auszulöschen, benötigen KI-Aubilder:innen ein gutes, gesundes, pädagogisch betreutes Fundament. Es gibt hier sicherlich Überschneidungen mit dem Berufsbild des oder der Roboterpsycholog:in.

Carbon-Designer:in

Wenn wir in Zukunft die Klimakrise in den Griff bekommen haben, werden wir eine ganze Menge gespeichertes CO_2 rumliegen haben. Was machen wir damit? Einfach nur vor sich hin gammeln zu lassen ist ein wenig schade und erinnert ein bisschen an nuklearen Abfall. Aber zum Glück kann man einiges daraus machen! Zum Beispiel Solein, Nahrungsmittel aus purem CO_2, anfangs wohl noch eher was für die Tierzucht. Oder wie wäre es mit Carbon-Wodka, dann können wir unseren Sieg über den Klimawandel gleich noch mit einem Rausch feiern. Kunst? Die erste Statue aus angesammeltem Atmosphären-Carbon könnte doch einiges wert sein, vor allem auf symbolischer Ebene. Der Kreativität sind keine Grenzen gesetzt, solange der Stoff nicht wieder in die Atmosphäre kommt.

Roboterpsycholog:in

Ein Begriff, der von Science-Fiction-Autor Isaac Asimov geprägt wurde und von Martina Mara, Professorin am Linz In-
stitute of Technology der Johannes Kepler Universität Linz,
bereits gelebt wird. Was für sie vor allem bedeutet, sich nicht
um die Psyche von Robotern zu kümmern, sondern um das
Wohlbefinden von uns. Also wie fühlen wir uns vor lauter
technologischer Transformation? Und bei der ganzen Human-
Machine-Interaction brauchen wir vielleicht bald die erste Hu-
man-Machine-Paartherapie.

Analoge:r Erfahrungsguide

Wenn die digitalen Welten immer realer werden, brauchen wir
definitiv jemanden, der uns an die Hand nimmt und die Vorzüge der Realität zeigt. Wenn wir uns aus dem Metaverse aus-
stöpseln, wirkt die »echte« Welt vermutlich etwas befremdlich.
Um uns zu helfen, nicht in der digitalen Welt hängen zu bleiben, wird es Coaches geben, die uns zeigen, wo sich die Vorzüge des Analogen befinden. Von Holz-Schnitzen über Brett-
spielabende bis hin zur Biologie, alles dabei. Keine Frage, das
beste Argument für die reale Welt sind die Vorzüge der Haptik,
Erlebbarkeit, Spürbarkeit – diese werden die digitalen Erlösungsfantasien besiegen. Wir sind nach wie vor analoge Wesen,
gefangen in einer immer digitaler werdenden Welt.

Bio-Hacker

In der Welt der personalisierten Medizin werden wir immer mehr unserer eigenen DNA offenlegen müssen. Das ist grundsätzlich etwas Positives, denn damit werden wir Behandlungen finden, die genau auf unser Erbgut ausgerichtet sind. Der Job des Bio-Hackers ist es, unsere DNA mit präzisen Werkzeugen zu analysieren und zu bearbeiten – und auch die unserer Haus- und Nutztiere. Dieser Beruf wird auch eine dunkle Schattenseite der »informellen« Hacker hervorbringen, wie es in jedem Berufszweig schwarze Schafe gibt.

Bioprinting Engineer

Es ist davon auszugehen, dass wir eines Tages Gewebe und Organe aus dem 3D-Drucker verwenden können, um unsere Lebenserwartung und -qualität zu verbessern. Der Bioprinting Engineer ist die Schnittstelle zwischen Arzt oder Ärztin und Patient:in, der dies ermöglicht. Man denke an den oder die altbekannte:n Zahntechniker:innen – diejenigen, die zum Beispiel die Zahnspangen oder -implatate anfertigen – nur etwas cooler.

Generationsübersetzer:in

Wie bereits an früherer Stelle angeführt, auch die jetzigen »Digital Natives« werden eines Tages Touristen in der Welt der nächsten Generationen sein. Insofern gilt es, innerhalb von Unternehmen, aber auch in der Gesellschaft als Ganzes für eine bessere Kommunikation zwischen verschiedenen Altersgruppen zu sorgen. Werte, Gefühle, sogar Emojis müssen entschlüsselt werden, sodass wir gemeinsam in Richtung Zukunft gehen können. Eine wichtige, latent pädagogische Aufgabe, die vor allem Unternehmen, die junge Talente weiterhin anziehen und halten wollen, brauchen werden.

Dorf-Designer

Wenn immer mehr Menschen versuchen, sich in der Peripherie rund um die großen Metropolen Existenzen aufzubauen, weil sie sich immer mehr im Homeoffice befinden werden, braucht es Menschen, die die Dörfer für die Stadtaussteiger rüsten. Neben guten Internetverbindungen benötigt es noch eine ganze Menge erweiterter Infrastruktur, von Car-Sharing-Angeboten bis hin zu modernen Co-Working-Spaces. Der Dorf-Designer hilft Ortschaften, ihre neue Identität zu finden, setzt sie um und wirbt um neue Bewohner.

Trauer-Ritualist

Da Schicksalsschläge uns nach wie vor in unseren Leben treffen werden, brauchen wir Menschen, die uns helfen, damit umzugehen. Klar, es gibt Psycholog:innen für solche Momente, aber die können einem nicht mit der Beerdigung helfen. Diese verläuft nämlich, da sich immer mehr Menschen von der Kirche abwenden, nicht mehr so schematisch wie früher. Welches Trauerritual wird den Verstorbenen und Hinterbliebenen gerecht? Sterben müssen wir alle irgendwann, insofern hat dieser Beruf viel Zukunftspotenzial. Das soll nicht makaber klingen. Der Tod und die Trauer sind etwas zutiefst Menschliches und Analoges, dort kann nicht viel digitalisiert werden.

Space-World-Designer

Für die Sci-Fi-Fans unter uns gibt es gute Nachrichten. Eines Tages werden wir Habitate auf fernen Planeten oder Monden bauen wollen/müssen. Dafür braucht es Designer. Man könnte es als eine Mischung aus Architekt:in und Astronom:in bezeichnen, mit einer zusätzlichen Dosis Soziologie. Wäre doch schade, wenn wir Weltraumkolonien bauen, in denen es sofort wieder zu Monarchien oder Anarchien käme. Auch wenn das noch in sehr ferner Zukunft zu liegen scheint, wäre es ein Beruf, der wahrlich Lust auf Zukunft macht.

Metaverse-(Mode)-Designer:in

Und für alle, die auf der Erde bleiben, stecken die Metaverse-Designer:innen bereits in den Startlöchern. Denn hier bildet sich bereits eine neue Welt, die sich in der unseren erst etablieren muss. Dafür braucht es findiger Designer, die das Metaverse so gestalten, dass wir uns darin wohlfühlen, und unsere Avatare so gestalten, dass wir uns gerne damit präsentieren. Nachdem bei allen Neuerungen der Kapitalismus nicht lange auf sich warten lässt, wird es für diese Avatare natürlich auch entsprechende Mode geben, die wir käuflich erwerben können, um künftig auch online auf den neuesten Modetrend aufspringen zu können (keine Sorge, der Waschbrettbauch lässt sich ebenso schnell dazukaufen).

Diese Liste ließe sich noch endlos ausgestalten, zumal die Berufe der Zukunft immer kleinteiliger, komplexer und individueller werden. Nichtsdestotrotz zeigen sich einige Leitlinien. Der Mensch wird nicht ersetzt, sondern seine Schnittstelle zur Maschine wird unglaublich interessant. Außerdem werden die menschlichen Fähigkeiten, unsere Alleinstellungsmerkmale immer wichtiger, denn vieles können wir einfach besser als der Roboter. Vor allem die Fortschritte in der Medizin sollten uns hoffnungsvoll auf die Zukunft stimmen, zumal dort viele neue Berufe entstehen. Im Übrigen ist es vermutlich aufgefallen, alle diese Berufe haben einen tieferen, gesellschaftsverbessernden Sinn. Der Steueroasen-Schlupfloch-Anwalt ist deswegen nicht mit auf dieser Auswahl an Zukunftsjobs. Ebenso wenig der Metaversum-Pirat, der versucht, ihnen ihre digitale Währung zu stehlen (wenngleich dieser Beruf doch einen gewissen Charme hat). Sie sollen die Fantasie anregen, keine definitiven Ausbildungsempfehlungen sein – denn wie wir wissen, das Bildungssystem muss noch ein bisschen aufholen, bis es Menschen für die Gegenwart fit macht, geschweige denn für die Zukunft. Wir haben es wohl selbst in der Hand.

III Die Re-Gnose

Der Zukunftsforscher soll Prognosen machen, das ist seine vermeintlich einzige Aufgabe. Mein Berufsstand ist also damit beschäftigt, von der Gegenwart in die Zukunft zu blicken und vorauszusagen, was geschehen wird. Oft werden wir daran gemessen, wie oft wir recht mit unseren Aussagen hatten, meistens interessiert es die Journalisten aber nur, wenn wir vermeintlich danebengelegen haben. Man sehe mir den scharfen Ton nach, auch ich bin ein paarmal zu oft fehlzitiert worden. Das ist wohl der Berufsfluch.

Und nicht der einzige: Dann sollen wir am besten noch auf Jahr und Monat festlegen, wann die Zukunft endlich eintrifft. Dass hier eine gewisse Verkennung zu den Astrolog:innen oder sogar den Gurus beziehungsweise apokalyptischen Propheten besteht, kann schon mal gelegentlich zu Frustrationen führen. Viele meiner Berufskoleg:innen haben sich deswegen auf Szenarien spezialisiert, um das Problem zu vermeiden. Kann ich durchaus nachvollziehen, ist aber ein wenig trocken, wenn Sie mich fragen. Um diese Verwechslungsgefahr dennoch zu umschiffen, Sie aber gleichzeitig nicht zu langweilen, drehen wir den Spieß mal wieder um. Statt vom Hier und Jetzt in die Zukunft zu schauen, versetzen wir uns in die Zukunft und blicken von dort aus zurück. Nein, das ist keine Form des Manifestierens à la Oprah Winfrey, sondern der Versuch, einen geistigen Handlungsspielraum zu eröffnen, im Fachjargon auch als Re-Gnose bekannt. Ich möchte keine naive Zukunft zeichnen, sondern mich von einer lohnenswerten Zukunft zurückarbeiten, sodass wir endlich in die Gänge zu kommen. Denn eine Reise ohne ein schönes Ziel zieht einen beschwerlichen Antritt mit sich. Das schlichte Gegenteil der klassischen Prognose, bei der uns leider immer sehr schnell die 500 Gründe, weswegen es niemals klappen kann, einfallen. Denn das Jetzt ist voller angeblicher Unmöglichkeiten. Bei unserem Gedankenexperiment ist von Vorteil, dass wir schon in der Zukunft sind und uns fragen können, wie wir dorthin gekommen sind. Somit sind all die geistigen Blockaden in weiter Gegenwart. Wir umschiffen die Probleme, indem wir von der Zukunft zurückdenken. Vor allem bei den Themen Bildung und Arbeit gibt es so endlos schöne, von Moral triefende viele Argumente, warum der Wandel doch niemals gelingen kann. Am besten kommt immer das Beispiel der alleinerziehenden Mutter an – als hätte man ihre Zukunft schon abgeschrieben. Ich weigere mich, bei solch düsteren Zukunftsvisionen mitzumachen, und Sie, liebe:r Leser:in hoffentlich auch. Die Zukunft der Arbeit muss für jeden sein, sonst lohnt sich die Reise nicht. Oft wird der Politik die Schuld in die Schuhe geschoben, was sicherlich durchaus berechtigt ist. Irgendjemanden muss man ja zur Verantwortung ziehen – wohin sonst mit der ganzen Wut? Aber Sündenböcke zu suchen bringt uns auch keine bessere Zukunft, sondern höchstens eine verlängerte, beschwerliche Gegenwart.

Wir sind also auf der Suche nach einer Zukunft der Arbeitswelt, die wünschenswert und erreichbar ist. Die Zeitenwende, in der wir uns befinden – vom Industrie- zum Informationszeitalter –, bringt eine Menge kreative Zerstörung mit sich, und diese wollen wir doch bitte schön produktiv nutzen und uns ein Ziel vor Augen führen. Um diese paradoxe Zukunftsreise zu gestalten, versetzen wir uns doch in die Welt der Generation, die in jener Zukunft aufwachsen wird, der Generation Alpha. Sie folgt auf die Generation Z, also unseren jetzigen Jüngsten, die gerade den schwierigen Eintritt in die Berufswelt erleiden müssen. Auch wenn es zugegebenerweise etwas faul war, einfach das Alphabet zu wechseln und wieder an den Anfang zu rutschen, weil man blöderweise am Ende angekommen war. Wir bleiben mal bei der Generation Alpha, Baujahr 2020 bis 2040. Gehen wir mal davon aus, im Jahre 2045 wären Sie ein:e junge:r Erwachsene:r, steigen in die Arbeitswelt ein. Wie sieht diese dann aus? Im Sinne der Re-Gnose sind wir in der sinnmaximierten Arbeitswelt des Informationszeitalters angekommen und blicken aus diesem zurück. Keine Utopie, aber durchaus ein Best-Case-Szenario. Folgen wir mal dem Lebenslauf eines prototypischen jungen Menschen aus dieser Generation (wobei wir wissen, dass dieser nur ein Platzhalter sein kann). Denn wie erwähnt, gestalten sich unsere Leben immer individueller und haben nicht mehr lineare Biographien. Blicken wir also aus der Zukunft zurück.

2020 bis 2030: Frisch auf dem Planeten Erde eingetroffen, aber die Krisen unserer Zeit noch nicht ganz kognitiv mitbekommen – immerhin. Auch wenn die Eltern von Unsicherheiten geprägt sind. Mama und Papa sind ja schon die Generation der Digital Natives, somit werden die Kids auch relativ digital erzogen. Aber etwas differenzierter als heutzutage haben wir doch auch die Schattenseiten der Überdigitalisierung erkannt. Aber die digitale Aufklärung, die in der Schule noch so oft fehlt, wird von jungem Alter an mit auf den Weg gegeben. Doch auch die Grundschule ist schon digitaler geworden, sodass sehr viele der bürokratischen Abläufe der Pädagog:innen normiert und digitalisiert ablaufen und sie mehr Zeit für die wahre Betreuung der Kinder haben. Im Übrigen ist auch der männliche Elternteil gleichermaßen zu Hause und bei der Kindeserziehung involviert, insofern steht vor der Schulzeit auch der Kindergarten nicht so unter Druck, der Familie das Kind abzunehmen, sodass sie brav arbeiten können. Noten spielen kaum mehr eine Rolle, die Eltern sind in einem engeren Austausch mit den Lehrer:innen dank digitaler Sprechstunden. Die individuelle Talentförderung beginnt schon im jungen Alter, man wird aber in keine Schublade gesteckt. Die Grundausbildung für die Gesellschaft beginnt, an Berufe wird noch gar nicht gedacht. Dafür ist später noch mehr als genug Zeit. Soziale Skills stehen im Vordergrund, wenngleich man natürlich auch lesen, schreiben, Mathe oder Biologie lernt – allerdings wesentlich fächerübergreifender –, so gibt es doch Synergien zwischen all diesen Bereichen.

2030 bis 2040: Zeit für die nächste Stufe der formalen Bildung. Wohlgemerkt, ist die Arbeitswelt ist hier schon an dem Punkt angekommen, wo Homeoffice und neue flexible Arbeitsformen die neue Normalität sind, aber naturgemäß hinkt das Bildungssystem ein wenig hinterher. Zwar weniger als heutzutage, aber dennoch, das liegt in der Natur der Sache. Die Sekundärphase des Bildungssystems hat allerdings schon verstanden, dass ihre Rolle viel mehr darin liegt, Menschen für die Gesellschaft auszubilden, als ihnen Wissen einzuprügeln. Digitale Begleitung ist völlig normal, es wird weitaus mehr in kooperatives Arbeiten gesteckt. Um den Schülern das Sozialisieren beizubringen, sind Gruppenprojekte Standard, und es gibt einen digitalen Kommunikationskanal, bei dem man sich zu Beratungen mit den Lehrer:innen anmelden kann. Die Lehrerzimmer haben im Übrigen viel, viel, viel weniger Papier rumliegen, wird die Bürokratie doch nun endgültig ganz digital abgewickelt. Es gibt neue Fächer wie Digitalkompetenz & Lebenslaufmanagement (schrecklicher Terminus). Auch Praxis wird viel größer geschrieben, endlich kann man die unbezahlten Praktika während der Schulzeit absolvieren, im Gegensatz zu den Gratispraktika, die andere Generationen mühselig vor dem Berufseinstieg machen mussten. Vor allem sind wir angehalten, uns in verschiedenen Branchen auszuprobieren, statt von Anfang an auf einen Berufszweig eingeschossen zu werden. Uns wird beigebracht, wie lebenslanges Lernen wirklich funktioniert, wie wir unser Leben lang Spaß am Neuentdecken und sich Verändern haben können. Aber klar, es wird auch über Karriere gesprochen, es wird Hilfestellung geboten, den eigenen Sinn im Leben zu finden, um die dazu passende berufliche Tätigkeit zu erspüren. Zu diesem Zeitpunkt findet auch endlich die große ökologische Wende statt, sodass wir den Planeten nicht abfackeln. Benzin wird ein Geruch sein, den man kaum mehr kennt, an den Oma nostalgisch zurückdenkt.

2040 bis 2045:

Die »Oberstufe« hat die Generation Alpha nun gut vorbereitet – jetzt geht es an die Uni, an eine andere höhere Bildungseinrichtung oder auch gleich ab ins Berufsleben. Vielleicht sind Sie auch schon gleich in eine Lehre gegangen, weil die Schule Ihre wahre Passion, Ihren Sinn, bereits hervorgebracht hat. Mittlerweile ist das Homeoffice nicht nur Normalität, sondern im Arbeitsrecht ein fixer Bestandteil. Zeit als Indikator für

Produktivität ist auch passé, so werben die Unternehmen mit Erfüllung statt Geld. Ab diesem Alter wird auch ohne Fragen unser bedingungsloses Grundeinkommen überwiesen. Das Sinnjahr, vom Staat subventionierter sozialer Dienst, ist auch eine Möglichkeit. Denn aus dem eigenen Umfeld auszubrechen hilft uns noch mehr, unsere Berufung zu finden. Mit dem Militärdienst haben wir es nicht mehr so, das machen zum größten Teil schon die Roboter (wenn es schon sein muss). Vielleicht haben Sie aber auch schon wesentlich früher Ihren Sinn gefunden und steigen gleich in den Beruf ein. Es ist eben komplex, vielschichtig, unterschiedlich und individuell.

Zugleich wird die nächste Generation geboren, die dann vermutlich Generation Beta heißen muss. Vielleicht können wir es ab diesem Zeitpunkt endgültig sein lassen mit den starren Altersmodellen, es wird langsam wirklich redundant. Diese neuen Jünglinge werden auch in ein völlig moderiertes Bildungssystem einsteigen, das die Verzögerung überwunden hat. Wo es bei der Generation Alpha noch hier und da Übergangschwierigkeiten gab, wird die Generation Beta auch in ein reformiertes Bildungssystem einsteigen, wo das Konzept von Ober- und Unterstufe nicht mehr existiert, Lernen ist nun endlich die fluide Lebensbegleitung, die es sein soll.

2045+: Spätestens jetzt ist es Zeit für das Arbeitsleben, egal welchen Pfad man gewählt hat. Endlich in der Zukunft angekommen. Work-Life-Blending ist Normalität, Arbeit in Zeit zu messen gehört in den meisten Branchen der Vergangenheit an. Innerhalb von Unternehmen kann man sich wie ein Selbstständiger fühlen, hat man doch hohe Grade an Autarkie und Eigenverantwortung. Sogar die Workation ist völlig normal, denn die Chefs vertrauen einem wirklich. Auch Jobwechsel sind nicht mehr verpönt, sondern Teil der neuen Wissensgesellschaft, in der es eben viele Umbrüche gibt. Aber die Firma, die man verlassen hat, bleibt im Kontakt, vielleicht sieht man sich ja in Zukunft wieder. Durch das bedingungslose Grundeinkommen ist es auch weitaus einfacher, sich selbstständig zu machen, ohne zu verhungern. Wobei das gar nicht mehr so wichtig ist, um seinen Sinn zu finden, denn den können auch die modernen Unternehmen endlich bieten. Natürlich ist alles digitaler, so werden sehr viele der nervigen Tätigkeitsbereiche, die jeder Beruf mit sich bringt, von den Maschinen übernommen. Ebenso zu Hause, hat man doch Roboterassistenten für viele der lästigen Pflichten und mehr Zeit fürs Soziale. Staubsaugen, Waschen & Co. ist nicht mehr Menschenaufgabe. So haben wir mehr Zeit mit unseren Mitmenschen oder um den Garten zu pflegen. Ein Arbeitszimmer ist Normalität, ist die Diskussion rund um das Homeoffice doch in so weiter Ferne, dass es schon fast peinlich ist, an die Zeit des großen Übergangs von der Industrie- zum Informationszeitalter zu denken. Natürlich gibt es schon einen Homeofficezuschuss, sodass man nicht in der Wäschekammer arbeiten muss.

So sind wir auf einmal in einer wünschenswerten Zukunft angekommen. Der Weg dorthin wird sicherlich auf Umwegen beschritten, wird es doch mehr als genug Krisen geben, die unsere Reise entweder beschleunigen oder verlangsamen. Ziel der Regnose ist es nicht, eine naive Utopie zu zeichnen, sondern uns zu zeigen, dass es doch noch eine Zukunft gibt, die sich lohnt. Von Mensch zu Mensch wird diese unterschiedlich sein, auch von Land zu Land. So kann gerade bei der Frage der individuellen Lebensläufe natürlich keine Einheitslösung geboten werden. Wie sich zeigt, gibt es Unmengen an verschiedenen Pfaden, die wir einschlagen können, um unser eigenes Glück und unseren persönlichen Sinn zu maximieren. Egal wo die eigene Passion liegt, es wird dafür auch in Zukunft einen Lebensentwurf geben, auch wenn er vielleicht noch nicht klar sichtbar ist. Es wird natürlich nicht alles rosig, aber es soll sich verdammt nochmal lohnen, für die Zukunft zu kämpfen.

Dieses Buch soll Ihnen die argumentative Munition mitgeben, um den Wandel in Ihrer Firma, in Ihrem Umfeld und vielleicht sogar in Ihrem Leben zu beschleunigen. Nicht, dass Sie mich mit einem Life-Coach verwechseln, aber unser Leben ist so eng mit der Arbeit verknüpft, dass man es schon als ein und dasselbe verstehen kann. Work-Life-Blending lässt mal wieder grüßen.

Wir müssen nicht sofort ins Jahr 2045, endlich die Lektionen von 2020 umzusetzen würde schon mal reichen. Dazu müssen wir alle an einem Strang ziehen. Das soll jetzt nicht nach läppischer Selbsthilfe klingen, sondern als Handlungsempfehlung verstanden werden. Wenn Ihr Chef sich einfach weigert, in diese Zukunft mitzuwirken, brauchen Sie wirtschaftliche, nicht emotionale Argumente. Die Sinnmaximierung bietet naturgemäß Sinn, so weit, so gut. Aber damit eben auch mehr Produktivität und Wachstum. Das ist das zentrale Argument hinter der Idee der Sinnmaximierung – nicht der Wunsch, einfach mehr zu »chillen«, wie so oft den wandlungshungrigen Vorwärtsmacher:innen unterstellt.

Ich habe eine Tendenz, zur Rebellion aufzurufen, vermutlich ist das altersbedingt. Die latente Wut, die man in dieser Lektüre gelegentlich verspüren konnte, stammt nur daher, dass wir bereits alles haben, um den Wandel in eine bessere Zukunft zu bewerkstelligen. Nur manche Hirne hängen noch in der Vergangenheit fest. Eine Arbeitswelt wird als Geisel gehalten, da möchte man schon auf die Barrikaden gehen. Aber das müssen wir (noch) nicht. Mit fundierten Argumenten könnten wir es auch ganz ohne Revolution bewerkstelligen, indem sich diejenigen, die diese neuen Lebens- und Arbeitswelten vorleben, andere mit sich ziehen. Wenn das nicht reicht, machen wir es eben oldschool. Eine kollektive Bewegung kann sogar in der Wirtschaft eine Menge bewegen, das hat Fridays for Future bereits gezeigt. Das soll kein Aufruf zu einem Massenstreik sein, aber wenn Fakten nicht reichen, bleibt uns vielleicht nichts anderes übrig. So könnte man das Führungspersonal, das den Wandel noch immer nicht mitmachen will, als die Corona-Impf-Schwurbler der Arbeitswelt sehen, als Verschwörungstheoretiker. Denn die Fallstudien, Zahlen, Daten, Fakten liegen alle auf dem Tisch, und dennoch wollen sie es nicht wahrhaben. Das sage ich mit einem letzten Augenzwinkern, Führungskräfte sind doch rationale Menschen, auch die werden es eher früher als später einsehen. Ob sie dann noch einen Führungsanspruch haben werden? Ich würde mich beeilen, wenn ich sie wäre.

Wir sehen uns in der Sinngesellschaft, gute Reise.

▌▌▌ Bibliographie

Alle angegeben Internetquellen waren zum Zeitpunkt der Drucklegung aktiv.

Aaker, Jennifer/ Fournier, Susan/ Brasel, Adam: When Good Brands Do Bad, in: Journal of Consumer Research, 31/1, Juni 2004; https://academic.oup.com/jcr/article/31/1/1/1811995

Adelmann, Quirin Graf/ König, Stefan: Die Zukunft des Arbeitsplatzes, in: Das neue Büro nach Covid-19, Wiesbaden 2022

Anielski, Mark: The Economics of Happiness. Building Genuine Wealth, Gabriola Island 2007

Bauer, Lauren/ Dube, Arindrajit/ Edelberg, Wendy/ Sojourner, Aaron: Examining the uneven and hard-to-predict labor market recovery, in: Brookings, 3.6.2021; https://www.brookings.edu/blog/up-front/2021/06/03/examining-the-uneven-and-hard-to-predict-labor-market-recovery/

bitkom: Digitalisierungsschub in der Wirtschaft wird
Pandemie überdauern, 24.11.2021; https://www.bitkom.org/
Presse/Presseinformation/Digitalisierungsschub-in-Wirtschaft-
wird-Pandemie-ueberdauern

Bonin, Holger et al.: Verbreitung und Auswirkungen
von mobiler Arbeit und Homeoffice, Oktober 2020, IZA
Research Report No. 99; https://docs.iza.org/report_pdfs/
iza_report_99.pdf

Bregman, Rutger: The bizarre tale of President Nixon and
his basic income bill, in: The Correspondent, 17.5.2016;
https://thecorrespondent.com/4503/the-bizarre-tale-of-
president-nixon-and-his-basic-income-bill/173117835-
c34d6145

Braungart, Michael/ McDonough, William: Cradle to Cradle.
Einfach intelligent produzieren, München 2014

Connley, Courtney: Robots may replace 800 million workers
by 2030. These skills will keep you employed, in: CNBC/Make
it, 30.11.2017; https://www.cnbc.com/2017/11/30/robots-
may-replace-up-to-800-million-workers-by-2030.html

Dettling, Daniel: Trendguide. Schulen der Zukunft. Prinzipien,
Perspektiven und Pioniere, Zukunftsinstitut GmbH;
https://schulen-der-zukunft.freiheit.org/trendguide-schulen-
der-zukunft/

Dignan, Aaron: Brave New Work. Are You Ready to Reinvent
Your Organization?, London 2019

Donnelly, Drew: China Social Credit System Explained –
What is it & How Does it Work?, in: Horizons, 22.7.2022;
https://nhglobalpartners.com/china-social-credit-system-
explained/

Duden: Sinn, der; https://www.duden.de/rechtschreibung/Sinn

Ecwid: 21 Tips for Building the Perfect Home Office,
20.3.2020; https://www.ecwid.com/blog/16-tips-for-building-
the-perfect-home-office.html

Encyclopaedia Britannica: Industrial Revolution Timeline;
https://www.britannica.com/summary/Industrial-Revolution-
Timeline

Erra, Rob: Eye-Opening Work-Life-Balance Statistics 2022,
in: TonerBuzz, 15.2.2022; https://www.tonerbuzz.com/blog/
worklife-balance-statistics/

Flughafen Berlin (BER) Kosten: Kostenübersicht zum neuen
Berliner Airport; https://www.flughafen-berlin-kosten.de/#fn-1

Gabler Wirtschaftslexikon: Arbeit. Definition. Was ist Arbeit?;
https://wirtschaftslexikon.gabler.de/definition/arbeit-31465

Gatterer, Harry et al.: Lebensstile, Zukunftsinstitut GmbH
2020

Graeber, David: Bullshit-Jobs. Vom wahren Sinn der Arbeit,
Stuttgart 2018

Grafe, Regine: Thesen für die Zukunft, in: Umwelt- und Klimagerechtigkeit, Wiesbaden 2021

Güth, Werner/ Schmittberger, Rolf/ Schwarze, Bernd: An experimental analysis of ultimatum bargaining, in: Journal of Economic Behavior and Organization, 3/4, 1982

Hautmann, Daniel: Was Automatisierung mit dem Grundeinkommen zu tun hat, in: golem.de, 17.9.2018; https://www.golem.de/news/bedingungsloses-grundeinkommen-grund-genug-1809-136468.html

Horx, Matthias: Die blaue Revolution; https://www.horx.com/43-die-blaue-revolution/

Horx, Tristan: Unsere Fucking Zukunft. Warum wir für den Wandel rebellieren müssen, Köln 2021

Hurst, Aaron: The Purpose Economy. How Your Desire for Impact, Personal Growth and Community Is Changing the World, Boise 2013

Jung, C. G.: The Archetypes and the Collective Unconscious, London 1968

Kelly, Kevin: The Inevitable. Understanding the 12 Technological Forces That Will Shape Our Future, New York 2016

Killingsworth, Matthew A.: Experienced well-being rises with income, even above $75.000 per year, in: PNAS 118/4,

Januar 2021; https://www.pnas.org/doi/full/10.1073/pnas.2016976118

McKinsey & Company: The future of work after COVID-19, 18.2.2021; https://www.mckinsey.com/featured-insights/future-of-work/the-future-of-work-after-covid-19

Meadows, Dennis et al.: Die Grenzen des Wachstums. Bericht des Club of Rome zur Lage der Menschheit, Stuttgart 1972

OECD: Ist der Soziale Aufzug kaputt? Wege zur Förderung der sozialen Mobilität, Juni 2018; https://www.oecd.org/berlin/publikationen/social-mobility.htm

Özdemir, Feriha: Management und Veränderung, in: Managing Capability, Wiesbaden 2019

Our World in Data: Urbanization; https://ourworldindata.org/urbanization

Reynolds Lewis, Katherine: Want a promotion? Make friends at work., in: Fortune, 24.4.2012; https://fortune.com/2012/04/24/want-a-promotion-make-friends-at-work/

Richthofen, Georg von/ Gümüsay, Ali Aslan/ Send, Hendrik: Künstliche Intelligenz und die Zukunft von Arbeit, in: Altenburger/ Schmidpeter (Hg.): CSR und Künstliche Intelligenz, Berlin/ Heidelberg 2021

Rosenthal, Robert: Task Variations in Studies of Experimenter Expectancy Effects, in: Perceptual and Motor Skills 29/1, August 1969

Rosso, Brent D./ Dekas, Kathryn H./ Wrzesniewski, Amy: On the Meaning of Work. A Theoretical Integration and Review, in: Research in Organizational Behavior 30, November 2010; https://www.researchgate.net/publication/228661748_On_the_Meaning_of_Work_A_Theoretical_Integration_and_Review

Sage: August 2022. IDG-Studie – Der Stand der zirkulären Wirtschaft; https://www.sage.com/de-de/news/studien-und-trends/

Singer-Velush, Natalie/ Sherman, Kevin/ Anderson, Erik: Microsoft Analyzed Data on Its Newly Remote Workforce, in: Harvard Business Review, 15.7.2020; https://hbr.org/2020/07/microsoft-analyzed-data-on-its-newly-remote-workforce?ab=seriesnav-bigideaHomeoffice

Thaler, Richard H./ Tversky, Amos/ Kahneman, Daniel/ Schwartz, Alan: The Effect of Myopia and Loss Aversion on Risk Taking: An Experimental Test, in: The Quarterly Journal of Economics, 112/2, Mai 1997; https://doi.org/10.1162/003355397555226

The Economist: Parkinson's Law, 19.11.1955; https://www.economist.com/news/1955/11/19/parkinsons-law

Trahan, Lisa et al.: The Flynn Effect. A Meta-analysis, in: Psychological Bulletin, 140/5, September 2014

U. S. Bureau of Labor Statistics: Job openings and quits reach record highs in 2021, layoffs and discharges fall to record lows, Juni 2022; https://www.bls.gov/opub/mlr/2022/article/job-openings-and-quits-reach-record-highs-in-2021.htm

Wikipedia: Bruttonationalglück; https://de.wikipedia.org/wiki/Bruttonationalglück

Xing: Xing-Studie zeigt: Jeder Vierte kündigt Job, ohne neue Stelle in Aussicht zu haben, 18.1.2022; https://www.xing.com/news/articles/xing-studie-zeigt-jeder-vierte-kundigt-job-ohne-neue-stelle-in-aussicht-zu-haben-4540742

Yunus, Muhammad: Social Business; https://www.yunussb.com

Zukunftsinstitut: Megatrend-Dokumentation 2021, Zukunftsinstitut GmbH 2021

Rebellieren statt resignieren – Wie wollen wir in Zukunft leben?

Tristan Horx
UNSERE FUCKING
ZUKUNFT
Warum wir für den Wandel
rebellieren müssen

176 Seiten
ISBN 978-3-86995-108-9

Fridays for Future, Black Lives Matter und Occupy Wallstreet waren nur der Anfang, das Zeitalter neuer Generationenverträge beginnt jetzt! Die Coronakrise hat diesen im Hintergrund schlummernden Konflikt endlich in den Vordergrund gebracht. Tristan Horx untersucht, ob unsere Generationenbilder nach wie vor zutreffen. Sind wir noch in Altersschubladen einzuordnen? Wie können wir das Netz nutzen, um zusammen eine Zukunft aufzubauen, die nicht auf Abgrenzung und Spaltung basiert? Ein Blick in die Welt von morgen – frech und verständlich.

Quadriga